U0053913

方集出版社

我 們 都 要 好 好 說

再見

KICK THE BUCKET
HAPPILY

關 於 安 樂 死 的 生 死 議 題

花開時盡情綻放

花謝才會有滿地繽紛

勇敢面對、理性處理、圓滿放下

活得精彩，死得尊嚴

賴台生 ——— 著

推薦序 1

每個人都要好好說再見

王俊明　南開科技大學退休教授

　　我的長達半個世紀的老同學兼老朋友要我為他的新書寫個序，憑著這份情誼，想不幫忙都不行。我和作者賴台生自民國 60 年一起進入臺師大教育心理學系就讀開始，到現在已快達 50 年。想當年我們是多麼的青春昂揚、英姿颯爽，而現在的我們已是白髮蒼蒼，雖不至於像韓愈所描寫的那樣蒼老，但也算是搭博愛座的年齡了。

　　這本書最大的看點就是將我們一生必走的路一一道來。有人說嬰兒為何一出娘胎就哭，這可能是他（她）根本不想到這個世界來。小傢伙一出生，每過一天就要向生命的終點靠近一天。這樣殘忍的現實，小傢伙怎會不哭！

　　我不想寫得太離譜，便要求台生將全文先傳來給我看。從其中的各個主題來看，大約有幾十個主題，每個主題都有其特定的理念及例子，我一口氣看完，並同時做好筆記。其中有一些主題深深的敲打著我，原來我竟然也是犯了不少的錯。其中就以「斷、捨、離」這個主題來說，我平時喜歡收藏一些精美的小物件，而且還刻意買一個櫥櫃來擺放這些東西，有時我會

打開櫥櫃一一拿出來欣賞，覺得蠻得意的，一方面沒有花大錢，又能賞心悅目，實在是很不錯的投資。由於我過去在草屯工作，在上班地點附近買了一棟房子，現在已經退休了，太太要我把房子處理掉，然後將有用的東西搬回臺北。可是一想到這些心愛的寶貝，還有衣櫥裡的衣服，心裡真是捨不得。搬回臺北，家裡也沒地方放。現在我想通了，能送就送，能為它們找到喜歡它的新主人，也算對得起這些寶貝了。

　　現在我已是一個 68 歲的老年人，雖然心裡一直不願承認這個事實。但有一次搭捷運時，一個年輕小姐好心的讓座，頓時讓我矇了。自己問自己，難道我真的老了嗎？我行動自如，打起桌球來，還是虎虎生風，怎麼會被讓座了，實在覺得不可思議。現在我也想通了，有人讓座時，就坦然接受吧。因為凡走過，必留下痕跡──在臉上、在頭上。臉上的皺紋、白色的頭髮，這些都是老人的特徵。

　　最後我要談安樂死的問題，因為政府目前還沒通過立法，所以傅達仁先生只好到瑞士去進行此項安排。我有一個長輩得了鼻咽癌，因為不當的手術，造成轉移，到後來住到加護病房時，只見全身都呈蠟黃色，而且是皮包骨的形狀，只能用「不成人形」一詞來形容。看到這個情景，我真的一句安慰的話都說不出口。俗語說「好死不如賴活」，這句話用在我的長輩上，實在非常不適當。不但自己遭受折磨，連家人也一起受折磨。

　　其實社會上還有很多得到怪病的人一直在煎熬著，如植物人、漸凍人。我有一個女學生，她上我的桌球課時，打得蠻好的，但她在上下樓梯時，卻要同學攙扶著。有一天我忍不住就

問了這個攙扶的同學，她說這位同伴得了遺傳的病，她的祖父六十多歲得了這個病後，就趁著還有行為能力時自殺了。她的母親在四十多歲時發病，目前只能坐在輪椅上，雖然能講話，但是口語不甚清楚。而這位女生二十歲就發病了，我聽到這樣的訊息後，內心非常不忍。到了下學期，有一天我在走廊上遇到這位發病的女生，只見她一腿蜷曲著，一手撐著枴杖，當時我整個腦袋轟然一聲。我只能說一聲好久不見，她微笑一下，沒說什麼就繼續往前走了。老天爺為何要讓這麼可愛的好孩子得到這種病，而且來得這般快。

　　看完整本書後，有許多的想法在我腦中盤旋著，我是應該對自己的認知、行為及情感做一些調整了，免得後悔就來不及。很高興老同學願意讓我先睹為快，可謂活到老，學到老。同時在此也希望社會大眾們能通過口語傳播，讓這本書有更多的人看到，讓更多的人能活得更精彩，更快樂。

推薦序 2
靈有所屬，魂得其樂

房兆虎　前國立嘉義農專學生輔導中心主任

「安樂死」這名詞是時髦名詞，不是傳統中國文化既有的名詞。來自日本文化翻譯希臘文 Euthanasia，配合漢字修飾衍生的漢文語詞。兩岸中國人蠻習慣藉用日文現成的漢字詞，表達意義複雜的希臘文或英文。學術界素有考訂名詞定義的傳統，一般而言「安樂死」有的針對動物，以人道的方式結束其生命；有的針對人的生命，施予緩解痛苦的結束手段。

「安樂死」涉及宗教、傳統倫理道德、法律權利、人文哲學、醫學、社會工作諸多層面的討論。與每個人、家庭、親族實質的利害得失衝突息息相關。本書中蒐錄各個層面的案例，增長許多個人思慮經驗不及的鮮活例證。能否成功順利衍用在自己，讓自己人生下半場生存戰術多一種選擇，還得看個人的實際狀況。

個人認為，安樂死若能賦予個人多一些「憂以天下」、「樂以天下」、「死得其所」、「死得其時」的念想，或能擴充「安樂死」的正向社會影響。

多數人面對死亡的態度，不離「恐懼憂慮」、「漠視疏離」、

「衝動莽撞」、「悲憤激動」等。三千年前，古希臘哲人蘇格拉底「以死亡修煉人性」，面對死亡，弟子柏拉圖醉心於哲學思考，進而開創學院 Academy，成為歐洲第一所大學的原型，對西方文明有舉足輕重的影響。柏拉圖認為「靈魂不滅，身體是靈魂的監獄」，使西方宗教信仰發展獲得理性思考的泉源，並孕育出「宗教哲學」。柏拉圖的學生亞里斯多德，從柏拉圖的「理型」發現「變化的存在」，進而推出「哲學上的上帝」，建立「形上學」，將哲學上的「上帝」成為宗教上的上帝，也就是「上帝是世界存在的理由」！爾後有伊比鳩魯為代表的「快樂主義」，主張「死亡不過是組成人的原子土崩瓦解」。

中國戰國時代莊子，從妻子死亡悟到生死只是「氣之聚散」。「氣變而有形，形變而有生，今又變而之死，是相與為春秋冬夏四時行也」！從莊子的思維來看，安樂死無論如何界定，都出於「變與不變」的哲學思考。

推薦序 3
讓生命邁向圓滿善終

陳珮淇　慈心社會工作師事務所所長

　　每日新聞事件報導總有大小災難、意外事故……，個人的生命面臨罹患難治重症或重傷害，飽受病痛折磨，即使至無知覺、無意識且無自主能力者，仍然依賴醫療器材維續生命，致使照顧者陷入龐大的醫療及照顧費用等無止期的壓力，此種苦處非深入其境者難以體會，已有國家立法容許主動安樂死。

　　植物人王曉民的母親及罹癌的傅達仁呼籲速訂安樂死法律，在臺灣引起許多的討論，但目前似乎尚有一段遙遠的路程。

　　此次受邀撰寫序文，最先我婉拒了，一則對此主題涉獵不多，再則我是佛教徒，較不宜對此表示意見。好友提及我是社工師，有許多案例，可以跟讀友分享，再次力邀，思量我確實有不少相關案例，因此，我接受邀請，想藉此分享「讓生命邁向圓滿善終」的主題，期盼我們能夠更廣義的看待「安樂死」主題。

　　我已 69 歲，身邊也有不少老人，論及未來，都期盼屆時能夠不受病痛折磨，也不要拖累子女，可以順利終老，我相信這也是人對生命終結的盼望。然而有許多因素——是否有良好的

規律生活與習慣、是否每日做適當的運動、是否實施健康飲食、心理是否經常維持寧靜、平衡、和諧、快樂、外在環境的影響、個人的福報與業力——等等都是影響因素。

臺灣目前禁止主動安樂死,僅准許個人依安寧緩和醫療條例進行被動安樂死,如果民眾擺脫傳統不實際的觀念,則可減少當事者及照顧家屬的痛苦。我的母親在 20 年前從火車摔下月台,腦部嚴重受創,醫師檢查後告知腦部手術後也是植物人狀態,我及家人決定簽署放棄急救。1 年多後,我弟弟腦中風,醫師告知即使動手術,也是植物人,我們放棄積極治療。母親及弟弟順利往生,讓我不致陷入長期照顧的極度困境。另我的公公有天咳出血絲,看診後,院方告知必須先氣切再進行檢查,公公及家屬們決定不依醫囑,讓公公回家,吃流質食物安心快樂與家屬相聚,直到無法吞嚥時送住醫院,因腫瘤阻塞無法順利插管,我們決定安寧緩和醫療,數天後公公安然往生。我的婆婆糖尿病、失智、摔壞人工關節,無法行走直至無法自主生活,家人照顧 10 多年,往生前 4 天送到醫院,護理人員立即要插管,我先生阻止,親自問母親是否要插管,當時婆婆說要回家,我倆立即辦理自願離院等手續載婆婆返家。我每天用心帶領婆婆懺悔、念佛號、幫忙誦地藏經,數天後,婆婆在睡覺中安詳辭世。上述四位親人都是使用被動安樂死,減少與縮短病人的受苦期間,減除無效醫療資源,也讓家庭維持正常運作。

身為社會工作者,近 4 年來接觸服務中低收入老人特殊照顧的家庭,其中 1 位 38 歲男子,原在北部工作,因未婚而被其他已婚手足要求返鄉照顧失能的父親,另 1 位 40 歲的獨子,姊

姊已出嫁，照顧罹患巴金森氏症、完全無法自理的母親。這兩位長期照顧者將來很難復歸社會、工作維生，令我十分不捨。此外。主要照顧者無奈接受照顧重擔，多少都有疲憊、睡不好、憂慮等現象。我若徵得照顧者同意，會協助念佛，希望幫助被照顧者能夠早日脫離病苦。祈願安樂死如能合法化，能夠讓需要者合法免除受苦而順利善終。

　　本書是好友以庶民角度探討安樂死的相關議題，8 萬字的內容，議題多元，呼籲如何減少不必要的醫療資源浪費、縮短臥床無法自主自理的時間，讓照顧者能夠早日回歸正常生活，也避免家庭被拖垮，使每個生命能夠有尊嚴、有生活品質的善終。書中呈現許多的生活閱歷、古今相關的論述、作者個人的生命體驗……，內容多元豐富。值此多變動、多災障、多意外、多污染、多染疫……的非常時期，是一本敲醒眾人思慮安頓生命善終的書，值得我們閱讀。

　　期盼將來果真安樂死合法化，我們每個人能夠秉持良知、累積善行、尊重生命價值、順應天理不違常、懺悔積德滅定業，讓生命邁向圓滿善終。

推薦序 4
也談慎終

吳惠珠　退休特教老師

　　悠悠忽忽逾越花甲，將近古稀之年，幾度自忖「人生」的意義、價值，總覺得乏善可陳。但是近幾年來老化的病痛漸次扣問，明顯影響生活機能，不得不審慎面對生老病死的過程，仔細思索一番。確實人生十之八九不如意，該操心煩憂之事如麻，在這夕陽年齡之際，即使想把握當下，加速處理想做、還未做的事，往往覺得生命的腳程恣意超前，儘管使出渾身解數仍望塵莫及，焦慮擔憂隨即鋪天蓋地而來，另類病痛倏忽即現，不知不覺中又限入憂病的輪迴中，自苦不已。

　　然而人生由來不滿百，安得朝夕事隱憂？生老病死既是每個人必經之路，就該以平常心正向看待。資深媒體人陳文茜曾說：「面對生老病死，我既不悲觀，也不樂觀。」她畢生幾乎與病痛長伴，仍戮力從業，活出精彩，譜成璀璨，對於生命的終點，也早已抱著油盡燈枯的信念，因此能夠坦然全力以赴，揮灑生命的光彩。在面對傅達仁先生接受安樂死時，頗能感同身受，並認同安樂死的觀點。

　　我有兩位同事的媽媽都是植物人，同事全家大小超過 20

年以上盡心盡力照護，備極艱辛的歷程令人敬佩不已。我六姨丈之母百歲壽終正寢，之前幾以醫院為家，六姨丈夫婦輪流照護，不堪日夜奔波操勞，竟相繼住院，晚輩大都上班、上課，無暇以顧，只好臨時請看護應急，否則後果不堪設想。

家慈今年 92 高壽，長期飽受坐骨神經折磨，近年又因胃癌、白內障開刀、心臟病等，藥物長伴三餐，苦不堪言，昔日長期輕言細語的溫和性情明顯改變。更令人惶恐不安的是她曾數度表示，彷彿身處活地獄般痛楚折磨，甚至極度缺乏生存的勇氣。身為兒女面對此情此景，不能代為受苦減痛，無計可施，心中的無奈、愧疚、憂苦真是無以名狀。

歐洲有位九秩嵩壽老奶奶生活優渥，家庭幸福和樂溫馨，她表示目前正享受最美好的生活，但是該離世時，希望走得乾脆，切勿拖泥帶水，徒增痛楚。

幾位同事與我堂妹先後不約而同表示，早知道深層治療對至親長輩而言，是長期身心同時遭受極度摧殘凌虐，照顧者時力不濟，所費不貲，最重要的是終究無法挽回寶貴的生命。與其如此，致力階段治療後，應該與家人理性商量，並徵求至親長輩的意見，考慮較有尊嚴的方式，讓他走得安適自在。言下之意，徒留遺憾儼然成為永遠無法彌補的熱鐵烙膚之痛 。

先師黃木村、鄭先助老師皆於言談間瞬即無疾而終，令人聯想到「須彌芥子」的境界，當然，這種不可思議的解脫，畢竟是可遇不可求的人生遭遇，只能另當別論了。

綜觀以上數例，人們面對至親生離死別之前，大都以極力救治為主要原則，至於人力照護、醫療花費、家庭生態的改變、

經濟負擔等種種層面的影響，已經不是一人、一個家庭的單一
事件。再加上少子化、小家庭結構、低薪時代來臨、求職不易
等因素，顯然是整個社會、國家該正視的重要議題，政府宜儘
速結合專家學者的專業知能，制定相關法規條文，因應社會現
狀的需求，期使生者能勉力因應照顧之責，而往者也能在盡可
能減少痛楚的情境中平順度過人生終點。但願政府能加速立
法，讓長久以來掣肘於倫常偏狹觀念的隱忍做法能步上人道的
常軌，也不要再有王曉民拖垮全家人的不幸事件。

　　浮生若夢，盼此一幸。

自 序
現在不做，何時做？！

2016 年 6 月，我在行政院公共政策網路參與平台提案「安樂死合法」，於 9 月 9 日連署通過門檻，12 月 6 日，時任衛福部醫事司司長石崇良邀請提案人及戴正德教授、陳榮基教授、蔡甫昌教授、法務部陳玉萍主任檢察官、衛生福利部法規會委員黃英霓，召開一場小型會議，與會人士各說各話一番，不了了之。

2018 年 5 月 22 日，江盛醫師向中選會遞出提議安樂死公投，結果連署人數不足 28 萬門檻，叩關失利。6 月 7 日知名體育主播傅達仁在瑞士安樂死，掀起一陣討論熱潮，其後，也有一些名人跳出來支持安樂死合法，曇花一現激起一陣漣漪後，船過水無痕，隨即歸於平靜。

隨著 2020 總統大選落幕，曾經熱鬧一時的「安樂死合法」議題，重歸落寞！雖然多家機構針對安樂死議題做民調，贊成安樂死的比例都在八成以上，但缺乏政黨奧援；鮮少明星人物力挺、現有支持團體組織鬆散……，加上執政黨刻意忽視，人民的聲音，慢慢被淹沒、遺忘！

絕大多數的人怕死，也希望擁有自己的生命善終權，但對死亡卻大都選擇不作為，當「安樂死合法」議題偶而熱鬧登場，

眾人拿香對拜、搖旗吶喊一番，不久就鳴金收兵、銷聲匿跡。

網路上雖然有「安樂死推動聯盟」、「要回生命自主權——安樂死自主法」、「安樂善終」、「安樂善終推動社團」等團體鼓吹安樂死合法，但缺乏整合，「一人一把號，各吹各的調」，力量分散，自然不能發揮最大功效。

我秉持「一步一腳印，一步一心願」的精神，鍥而不捨推動安樂死合法。鑑於國內安樂死的相關討論，大都由專家學者執筆，艱澀高深的理論，讓庶民百姓不易了解。發心以小百姓的角度探討安樂死合法的相關議題，經過多年努力，蒐集各方例證，整合撰寫，完成八萬字的庶民心聲，期盼傳播廣大民眾的心聲，讓政府重視人生的最後大事！

賴台生

明天會更好？
讓他們有尊嚴的走吧！
──安樂死合法化

　　「輕輕敲醒沉睡的心靈，慢慢張開你的眼睛，……明天會更好」，也許不少人對這首「明天會更好」耳熟能詳，更希望現實生活「明天會更好」。但您可知道有多少人每天眼巴巴的盼望奇蹟出現，他們盼望昏迷少則幾天、多達數十年，沉睡不醒的親人、朋友，能張開眼睛、伸開雙手、打開心靈「看看忙碌的世界是否依然孤獨的轉個不停」！當然有奇蹟發生，但萬千案例中出現的奇蹟絕不超過十位數，對絕大多數人而言，「絕望」是他們最後的心情寫照。

　　「安樂死」源自希臘文 euthanasia，意為「好的死亡」或「無痛苦的死亡」，韋氏字典定義為「安靜而容易的死亡」，由於涉及醫學、哲學、經濟、法律、宗教、倫理、社會學等各領域，各界看法相當分歧，安樂死的合法化與否，一直是個頗受爭議性的議題，贊成的人認為可讓痛苦的病患得到解脫；反對的人則認為生命是神聖的，不可侵犯的。

　　艱澀的理論探討堆積如山，病患家屬哪有閒情逸致翻閱？

專家學者「公說公有理，婆說婆有理」，看看王曉民的例證，再看看週遭親友家庭中有植物人、昏迷不醒的、無藥可治的……大筆醫療費拖累家庭經濟；漫無止境的照顧拖垮照顧者健康……人孰無情？哪個病患家屬希望結束親人的生命？但誰來關心病患及家屬何去何從？

　　生命的意義不在壽命的長短，而在生活精采與否，當一個人成為「死的活人」，生命已毫無意義可言。我們怎忍心讓他們繼續承受病痛的折磨？我們怎忍心讓他們毫無尊嚴的「活下去」？ 荷蘭的眾議院於 2000 年 11 月 28 日通過安樂死以及醫師助死法案，2001 年 4 月 10 日參議院通過安樂死合法化，成為全球第一個准許安樂死的國家。臺灣加油！（105.5.22）

※2016.9.9 發起連署通過公共政策網路參與平臺提案

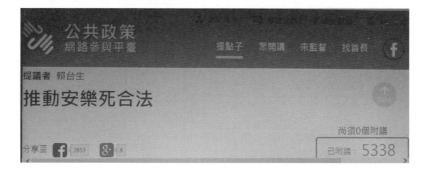

目　次

Chapter1
人生得意須盡歡

Chapter2
英雄最怕病來磨

Chapter3
千古艱難唯一死

Chapter 1

人生得意須盡歡

「未知生，焉知死」的迷思

　　中國古代因自然條件惡劣、醫療欠缺、戰亂頻仍等原因，人民平均壽命大約在 30 歲左右，到 1950 年人民平均壽命也不過 35 歲。平民生活困難，勞碌奔波、三餐不繼，壽命自然短；皇帝貴為一國之尊，衣食無缺、養尊處優，理應長命百歲，但結果卻不然，據《中國帝王皇后親王公主世系錄》統計，自公元前 221 年秦王嬴政稱皇帝，到 1912 年「末代皇帝」溥儀退位，中國歷史上一共出現 83 個王朝，其中有壽命可考的皇帝共 302 名，平均壽命為 40 餘歲。

　　與皇帝、平民比較，中國古代的文人似乎是特例，先秦兩漢時期，生卒年記載明確的文人有 20 人，平均壽命為 58.4 歲；隋唐五代 79 人，平均壽命為 65.6 歲；清代 126 人，平均為 63.4 歲。雖然文人壽命較長，但有關老病的詩文卻不多。

　　「吾年未四十，而視茫茫，而髮蒼蒼，而齒牙動搖。」韓愈《祭十二郎文》是少數古代文人提到自己衰老的文章。以目前臺灣一般人的狀況來說，三十郎當風華正茂，正是身強力壯的中壯年，韓愈卻頭髮斑白，眼睛、牙齒都出問題，姑不論五臟六腑如何，身體外部已狀況連連，難怪韓愈有「吾自今年來，蒼蒼者或化而為白矣，動搖者或脫而落矣。毛血日益衰，志氣日益微，幾何不從汝而死也。死而有知，其幾何離；其無知，

悲不幾時，而不悲者無窮期矣。」的慨歎！

　　不知是否受到孔子「未知生，焉知死」看法的影響，自古以儒家為正統的文人很少談「死」，雖然道家思想對生死的討論較多，如莊子《至樂》──「生者，假借也，假之而生。生者，塵垢也，死生為晝夜。」但畢竟儒家為主流，道家文人寡不敵眾，影響所及，普羅百姓忌諱碰觸死亡，死亡成為國人的禁忌話題。

　　悠悠兩千多年過去，現代醫學已解開「生」的奧秘，解決孔子「未知生」的疑惑，但時至今日，國人對死亡議題依舊躲躲閃閃，不能理性、嚴肅面對「死」的大事，實在令人扼腕！

今天日本・明日臺灣！

農業社會的生活、醫療、營養等條件不佳，人類壽命較短，能活過七十歲的人，都是難得的「古來稀」。進入工商社會，各種條件提升，人類壽命延長，古稀翁、古稀婆滿街跑。過去「家有一老，如有一寶」，如今不少家庭變成「家有一老，必有一倒」，甚至出現「家有病老，全家逃跑」的現象。

前些年到日本旅遊，就發現日本老人太多了，年輕人紛紛湧向都會，除了東京、大阪、京都等大城市，多數中、小城市、鄉鎮大都是老人。此次到日本，狀況更嚴重，遑論公園、車站等公共場所，老人比比皆是，甚至應該活力帶勁的祭典，也是老人居多。

　　根據日本厚生勞動省統計資料，2018 年日本女性平均壽命為 87.32 歲，男性平均壽命為 81.25 歲，雙創歷史新高紀錄。另外根據不正式的統計，日本年輕男女不婚比率高達三分之一，壽命增加、生育率降低，導致日本高齡化與少子化狀況越來越嚴重，整體人口架構迅速老化，全國所有的都、道、府、縣都是超高齡化城市，日本高齡化問題加速惡化中。

　　沒有生產能力，又活得久，標準的坐吃山空，日本高齡化社會延伸出的貧窮狀況，當然日益嚴重。根據日本厚生勞動省的「國民生活基礎調查」，日本每 6 人就有 1 人的生活處於貧窮線以下。截至 2018 年 2 月為止，全國領取生活津貼者，共約 164 萬戶，其中超過一半是高齡者，老人貧窮問題不僅成為日本社會問題，更成為國安問題。

　　日本政府為拉抬生育率，近年來，陸續提出各種優惠政策，日本前首相安倍晉三更大手筆加碼，自 2019 年 10 月起，在日本生活的所有日本公民、外國納稅人，無論收入多少，從 3 歲上幼兒園起，到 16 歲國中畢業止，學費由國家負擔，全部免費。16 歲前的醫療費用，也一樣政府買單。此外，16 歲以下的孩子還可領取 1 萬日圓～1 萬 5 千日圓補助，重賞之下，日本勇夫會增加嗎？！

　　國力強大與否，除了經濟、國防等硬實力，人力十分重要，年輕力壯能跑能跳，能衝能撞；老人體能衰退，連走路都一拐一拐、搖搖晃晃、行動不便，自保都成大問題，甭說提槍上戰場了。

　　我曾經半開玩笑地跟友人說：「老人太多，日本沒希望了！」內心卻隱隱心酸──今天日本，就是明天的臺灣！

死亡通知單──建立健康檔案

　　傳說有個人死後到地獄接受審判，遇見閻羅王，他出口就抱怨：「我死得很冤枉啊！為何你們事前沒通知，讓我好提早做準備？」閻羅王回答：「你忘了嗎？某年某月某日你暈眩嘔吐、無法站立；某一天你重心不穩倒地受傷；有一晚你徹夜失眠；某次到醫院檢查膽固醇、血糖、血脂指數偏高……這些身體徵兆，就是上天陸續傳給你的通知單，只是你根本沒注意！」雖然只是個故事，但背後寓意卻發人深省。

　　每個人的遺傳基因不同，身體素質不同，經濟狀況、生活習慣、飲食、運動等都不相同，自然健康情況也不同，有些人十分注意身體情況，稍一不舒服，就急著找醫師；有些人則採取不理不睬的態度，「鐵齒」不看醫生。

　　民國 94 年，我剛五十出頭，身體陸續出現狀況──皮膚過敏、暈眩、閃到腰、膝關節無力……，最初我根本不在意，直到有一天拿茶水時閃到腰，發現連簡簡單單的動作都會出狀況，才讓我警覺身體開始老化。從此，我詳細登錄身體狀況，建立「健康檔案」，有時與朋友聊天，偶而談到記錄身體狀況的事，有些朋友認為「有這麼嚴重嗎？！」我會笑著說：「至少到閻王爺那裡報到時，知道自己是怎麼死的！」。

　　不少國人重視理財，對房地產、股票、基金、期貨、珠寶

黃金……一清二楚、如數家珍；也有不少人熱衷樂透、大家樂、六合彩、標會、賭博等「另類理財」。坊間理財專書熱賣、地下明牌漫天開牌，國人重視財產檔案，卻有不少人忽略「健康檔案」。

　　「留得青山在，不怕沒柴燒」，即使擁有金山銀山，也得有健康身體享受。在老天寄來死亡通知單前，立刻建立「健康檔案」吧！

當你老了

　　十幾年前到福建自助旅行，有一天搭乘旅館的電梯，電梯在某一樓層停下，電梯門開後，出現幾個小朋友，原以為孩子要搭電梯，結果他們根本不進電梯，只是純粹好奇、好玩，把電梯當玩具。其中有一兩個孩子對著電梯大聲說：「大家來看！裡面有老爺爺、老奶奶！」，我左看右看，電梯內除了我與內人，別無他人。當下，我就知道自己老了。

　　有位在大學任教的朋友搭公車時，遇見一個年輕人讓座給他。當晚，教授心想難道自己老了，竟然有人讓位，為此整夜失眠；另有一個朋友只要發現頭上有白髮，一定拔除，白髮稍微多些馬上就染髮；還有朋友，雖然走路一搖一擺，腳步蹣跚，卻堅持不拿拐杖。

　　蠻多人不喜歡被認做老人，熟人知道狀況，不好意思稱你「阿公、阿嬤、阿伯、阿嬸」，往往改稱大哥、大姐，其實多數是客套話。小孩的話最實在，當小孩叫你「阿公、阿嬤」，就表示你老了！

　　有人老的光鮮亮麗；有人老的不修邊幅；有人四處趴趴走；有人閉門當宅老人……；面臨初老，每個人觀念不同，作法也不同。

　　人一定會老，身體慢慢出現老化現象後，就別拿出「當年勇」的方式過日子。以往輕鬆一跳而過的水溝，如今最好慢慢繞道而過；以往，登高山如履平地，如今，膝蓋不行，高山就遠遠眺望吧；過去，一覺到天明，現在，一夜尿不停……。

當你老了　頭髮白了　睡意昏沉
當你老了　走不動了
爐火旁打盹　回憶青春
多少人曾愛你　青春歡暢的時辰
愛慕你的美麗　假意或真心
只有一個人　還愛你虔誠的靈魂
愛你蒼老的臉上　的皺紋……

當你老了　眼眉低垂

燈火　昏黃不定

風吹過來　你的消息

這就是我心裡的歌……

（這是中國大陸歌手趙照於 2012 年作曲並翻譯、改編愛爾蘭詩人威廉・勃特勒・葉芝詩作《When You Are Old》的「當你老了」歌詞。）

　　當你老了，甭管頭髮白了、睡意昏沉、走不動了、眼眉低垂……學習接受自己的老，歡喜做個銀髮族吧！

爸爸媽媽真偉大

　　網路流傳一則令人啼笑皆非的文章──「如今世上有『四好』：德國的車，好；瑞士的房，好；日本的老婆，好；中國的爹娘，特別好！中國的爹娘：有錢，省給下一代；有力氣，幫助下一代；有房子，留給下一代；有知識，教育下一代；有車子，接送下一代；有病痛，不告訴下一代！」

　　傳說古時候有個名叫朱耀宗的書生，一歲多父親就去世，母親獨自挑起生活重擔，含辛茹苦撫養朱耀宗長大，經過多年寒窗苦讀，朱耀宗進京趕考高中狀元。一表人才讓皇上殿試時

看上眼了，將他招為駙馬。

　　朱耀宗按照新科狀元回老家省親的慣例準備還鄉，臨行前，朱耀宗請求皇上為守寡多年、含辛茹苦養他長大的母親，樹立貞節牌坊。皇上「愛屋及烏」，反正順水人情，何樂不為，當下允奏。

　　朱耀宗衣錦還鄉，向母親提起皇上賜貞節牌坊一事，沒想到母親沒有絲毫高興，反倒流露出不安的神色，朱耀宗一再追問，母親才說出想改嫁朱耀宗恩師張文舉的事。朱耀宗心想犯了「欺君之罪」，九族性命都不保，母子二人左右為難。

　　母親長嘆一聲：「那就聽天由命吧。」隨手脫下身上一件羅裙，對兒子說：「明天你替我把裙子洗乾淨。如果裙子一天一夜曬乾了，我就不改嫁；如果裙子不乾，天意如此，你也不用再阻攔了。」

　　第二天上午，晴空萬里，烈日當空。朱耀宗心裡暗自高興。他想，這麼好的天氣別說一件裙子，縱有十件八件也能曬乾，

那想到洗好衣裙，曬在院子，突然烏雲密布，大雨唏哩嘩啦下個不停，裙子始終濕漉答答的。母親對兒子說：「孩子，天要下雨，娘要嫁人，天意難違！」。

朱耀宗回宮將母親想再嫁恩師的事稟告皇上，請皇上治罪。皇上聽完後，嘖嘖稱奇，認為這是天意，天作之合呀！由他去吧。

1971 年 9 月 13 日林彪叛逃，國務院總理周恩來請示毛澤東要如何處理，毛澤東聽完周恩來報告後久久不語，最後長嘆一口氣說：「天要下雨，娘要嫁人，無法可設，由他去吧！」。毛澤東引述的這段話，讓「天要下雨，娘要嫁人」廣為人知。

天底下只有三件事——老天爺的事、別人的事和自己的事三大類。我們往往患的毛病就是忘了自己的事，愛管別人的事，

擔心老天爺的事。其實，別人的事與我無關，根本管不了；老天爺的事操之在老天，擔心也無濟於事。

雖然科技發達，人類已可到達外太空，深入海底、鑽探地心……，但還是管不了大自然，甭說颱風、地震、海嘯、土石流等，連颱風下雨的日常事，人們也只能聽天由命。形而上的鬼神、緣分、靈魂……更是人類至今未解的大惑。

「李四在外面養小三」、「阿花要換工作」、「鄰居小孩剃了一種奇怪的頭」、「某某人三八到不行」、「村子老張個性很驕傲」……有些人愛傳八卦；有些人愛管閒事，家務事管得不過癮，周邊鄰居甚至國家大事也不放過，甚至跨過太平洋，連美國總統大選也要湊一腳，但卻往往落個「不自量力」、「雞婆」下場。

　　我的表弟、表弟媳已六十幾歲,省吃儉用過日子,為了照顧孫子,特地在兒子住處附近租房,兩老捨不得吃、捨不得穿,省下一筆錢,卻天天大把鈔票,上市場買孫子喜歡吃的菜、買孫子愛的電玩……。上完市場,兩老趕緊到兒子家做早餐、送孫子上幼稚園,接著打掃清潔、準備午餐,下午接孩子、做晚餐,等兒子「全家福」到齊,兩老摸摸鼻子回到租屋處,有時,連晚餐都沒吃上一口。表弟時常會傳給我一些「放手」、「對自己好一點」、「看開」等的網路文章,除了偶而會消遣他「含飴弄孫」,只能慨歎誰讓他們是「中國的爹娘」。

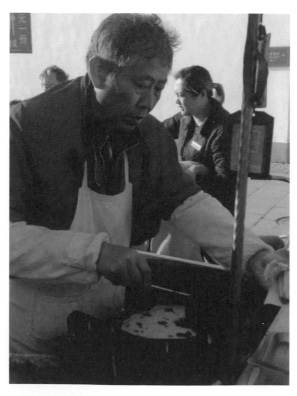

網路描述的中國爹娘—

「走不盡的廚房路，
　幹不完的家庭活。
　伴著星星，
　備下了二代的早餐，
　迎著朝陽，
　給三代穿上折騰的衣裳。
　不爭氣的老腰，
　吞噬著你的靈魂。
　家庭就是個孤島，
　哪裡是你逃生的地方？
　享著退休待遇，
　身兼各種天職。
　洗衣做飯拖地板，
　買菜餵奶涮馬桶。
　沒有掌聲鼓勵你，
　只有索取等著你。
　還需自己哄自己，
　偉大信念支撐你。
　蒼天為你淌下淚，
　問你到底累不累。
　誰知你回答真乾脆：
　你懂什麼？

這叫天倫之樂人人醉！
獻給圍著家裡二代、三代轉的
　中國爹娘們！送給中國爹娘！好生歇息吧，在變老
的路上，記得善待自己！」

　　當你老了，切記・切記・切記・──「不管、不等、不
省」！

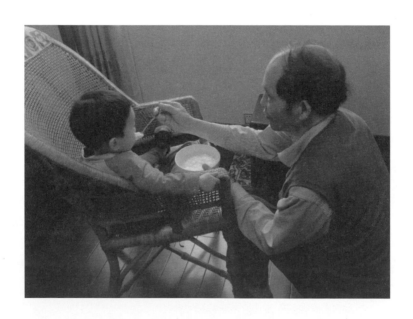

等到海枯石爛

　　曾經看過一部短片，影片分成兩段，第一段男主角是一個喜歡旅遊的上班族，他很想出國旅遊，由於上班工作，沒有較長的假期，因此從未行動，只有平日購買旅遊書神遊一番。男主角認為等到退休，就有充裕的時間四處雲遊。等啊等，總算等到退休的日子，影片中男主角將行李打包，拖著旅行箱，走出家門搭上計程車，計程車疾駛而去，最後停在醫院門口，男主角腳步蹣跚地走進醫院……。

　　第二段影片主角的老婦人，接到小學預定開同學會的通知，她興沖沖地翻出老照片，跟丈夫講小學時的種種趣事，一再說好想重溫兒時舊夢，看看昔日老同學。隨後，畫面一轉，老婦人走進房間，從桌上拿出錢筒，將錢筒打開後，倒出來的只有一些硬幣，接著，她打開抽屜，拿出電話費、水費、電費、健保費等一張張的繳費單。影片停格在老婦人神情落寞地望著窗外。

　　這部短片沒有英俊漂亮的男女主角；沒有浪漫醉人的情節，沒有刺激驚悚的畫面，描述的是尋常百姓、日常生活，雖沒有嚴肅的說教、嚴格的教條，卻令人唏噓不已。

　　爸媽在世時，每當我們買些貴重的物品回家孝敬他倆，他們總是說：「等到過年時再拿出來用」、「等大家都回來時再吃」，將物品擺放高架，等待好日子，結果有的食品放到過期；有的物品一輩子都沒用到。

　　有一年我在嘉義市博愛社區大學教授「畫圓──笑談生死」課，上課第一天，我對學員說：「下次上課請帶個杯子來」，第二星期上課，學員們帶來的杯子，九成是鋼杯。我把自己帶來的高腳杯拿出來，將紅茶倒入杯中，再請學員在杯中倒進紅茶，而後讓學員比較，大家都說高腳杯的紅茶顯得高雅多了。學員家中都有好的杯子，但多數人在家中都使用馬克杯，高腳杯只是酒櫃中的裝飾品。

　　俗話說：「不做不會怎樣，做了會很不一樣」。

　　進入「夕陽年齡」，來日不多啦，把珍藏的「好東西」拿出來，穿的漂漂亮亮、過的紅紅火火……看看生活會不會變得不一樣。

　　我們經常在等，等好日子、好朋友、好地點……，有錢時，等有空；有空時，等有錢；等到有空、有錢時，往往又健康亮紅燈了。

　　大家都說要「把握當下」，但不少人直到「駕鶴西歸」都沒做到「把握當下」，他們都在等……。

人在天堂，錢在銀行

　　老師告訴我們一堆勤儉的故事——范仲淹「劃粥斷韲」、顏回「一簞食一瓢飲」、司馬光《訓儉示康》……；母親曾告訴我們她老家——朱元璋故鄉安徽鳳陽的歌謠：「皇帝請客，四菜一湯，蘿蔔韭菜，著實甜香；小蔥豆腐，意義深長」。直到今日，我們還以王永慶 60 歲後，做毛巾操的毛巾，一用就是 20 年；郭台銘一張椅子坐了 10 年的節儉生活做標竿，勤儉成為華人的最大美德。

　　從小，我們被灌輸「勤儉持家」、「一粥一飯當思來處不易」等節省的觀念，飯粒掉到地上，「不乾不淨，吃了不病」撿起來吹吹就吃掉；衣物破了，縫縫補補繼續穿、飼養的雞鴨翻白眼（生病）才殺了加菜、過年的香腸臘肉放太久長霉，把霉洗掉，照樣送進五臟廟……。我勤儉一輩子只是勉強持家，與「勤儉致富」絕緣！

　　遵照老師及父母的教誨，我一向都很節省，記得讀大學時，每逢寒暑假回家，有些同學會搭復興號、觀光號、莒光號等快車，我卻都扛著大包行李，搭乘學校提供的免費返鄉列車，耗費十個小時，從臺北坐回嘉義大林，然後轉搭公車到內林，再徒步回家。畢業後，到岡山前峰國中任教，為節省開銷，甚至到鄉間池塘撈河蚌烹煮。

　　我喜歡旅遊，長久以來都用最節省的方式旅遊——搭乘公車、徒步、住宿學校教室、野外搭帳篷露營……，即使後來教師薪水調高，出國旅行也是窮遊的背包客——住青年旅舍（Y.H）、DIY 午晚餐，不少朋友笑我根本是個苦行僧。

　　2008 年 7 月到緬甸自由行，第一晚住在仰光，我嫌旅館價錢太貴，第二天計畫換便宜的旅館，帶內人四處尋找，她都不滿意，最後撂下一句話：「你自己住便宜旅館，我要住香格里拉酒店！」拗不過內人，我們改住香格里拉，當年緬甸國民所得很低，住在房費一晚美金 60 元的五星級大飯店，豐盛的早

餐、貼心的服務實在物超所值。看當地人羨慕的眼神，讓我感覺連「走路都有風！」。

　　香格里拉酒店的經驗讓我觀念慢慢改變，在不浪費的原則下，我秉持「對自己好一點」的想法，前往一些物價低的國家旅遊，放棄窮遊，改以包車、住宿高級旅館、品嘗特色地方料理等方式旅遊，果然感覺大不同。

　　南極企鵝會在跑步中餵食剛會走路的小企鵝，自然淘汰體弱的小企鵝，讓跑得快、強壯的小企鵝能在資源匱乏的南極「適者生存」；狐狸在幼狐斷奶後，將幼狐趕走；獵豹捕捉獵物後，會有意將獵物放生，讓幼豹追趕捕捉……看看動物界對待子女的方式，再看看華人，多數為後代考慮太多，父母大都節衣縮食，留一筆財產給子女。我有個藝術家朋友，為了幫兩個孩子

買房，六十多歲還拚命賺錢，天天忙得像蜜蜂一樣。

許多人奔波勞碌一輩子，最後落得「人在天堂，錢在銀行」的下場。富豪留下萬貫家產，子女爭產對簿公堂的情事，不時發生。如果子女不肖，將遺產敗盡，在天堂的親人大概都會氣得跳腳。

「錢有兩種，花掉的是錢，沒花的是紙」，只要不「寅吃卯糧」；不奢侈浪費，銀髮族「想吃就吃、想喝就喝、想玩就玩……」，回饋自己一生的辛勞吧！

斷‧捨‧離

　　有個朋友喜歡蒐集漂流木、奇木，往往不辭辛勞、長途跋涉四處尋寶，尤其是颱風、豪雨過後，更是冒著生命危險前往海邊、山間搜尋。幾十年下來，家裡堆放滿滿的漂流木、奇木，房間內連走路都礙手礙腳，老婆不時碎碎唸，要他把木頭處理掉，平日「P.T.T 俱樂部」的他，竟敢不理會老婆的建議，老婆也沒轍。結果等他去世後，孩子嫌這些木頭累贅，花錢雇清潔工，將他畢生心血全部丟掉。

　　有次經過一戶人家外面，看見大門外堆放許多匾額，我好奇地翻開幾塊匾額，有「作育英才」、「教學相長」、「春風化雨」、「誨人不倦」等，看來應該是從事教育工作的，不知何故，這些匾額全被「掃地出門」。

　　結婚、開業、高升、離職、新居落成、退休……送賀匾，多數人家總有幾塊匾額。機關、團體、學校舉辦運動會，大小獎盃絕不可少。我有一個朋友，是歌唱高手，經常四處參加歌唱比賽，獎盃將櫥櫃塞得滿滿的；另一位百岳登山好友，年過花甲後，開始熱中馬拉松，四處征戰，甚至還遠征到法國，是長青組的常勝軍，家裏也是一堆獎盃，在眾人讚嘆聲的背後，誰知道這些獎盃的最後下場……。

　　近年來，臺灣出現「斷‧捨‧離」的觀念，一些人開始省

思，並實際以行動斷絕不需要的東西，捨棄多餘的廢物，脫離對物品的執著。

　　蘇格蘭人亞歷山大・塞爾科克曾流落於智利南太平洋島的 Más a Tierra 小島，長達四年，根據亞歷山大・塞爾科克親身經歷創作的名著《魯濱遜漂流記》，從書中主人翁的生活，可知人們需要的東西不多，想要的東西太多。有種說法── 一年沒用的物品，終生都不會用。曾看過一部日本「斷・捨・離」達人──山下英子幫忙別人處理家中雜物的影片，一個月清理掉的物品竟然高達三公噸。由此可見，喜歡將東西塞滿家中的臺灣一般家庭，大概都有一堆不需要的東西。

　　大約二十年前，我與國立華南高商校長劉智、玉山登頂311次的紀錄保持人洪明郎、九歲就加入孫立人「少年兵」的陳寶珠四人，固定周三上午到嘉義救國團聊天。經過十多年後，劉智校長離開嘉義的四層獨棟透天厝，搬到高雄鳳山，只有一張床、一張桌椅、一間衛浴，面積大約3、4坪的安養院，除基本的換洗衣物，劉校長只帶了毛筆、墨汁和自己的著作，家中收藏的骨董、字畫、名人書信等一大堆物品完全無法帶去。劉校長往生後，嘉義市透天厝至今無人處理，更甭說校長的珍藏品了。

　　小時候，鄰居翁叔叔家中有《西遊記》、《三國演義》、《水滸傳》、《紅樓夢》等古典小說，有時我們一群小毛頭會跑到翁叔叔家玩，偶而翻翻這些書，發現還蠻有意思的。我陸續向叔叔借回家看，竟然在國小畢業前，把《西遊記》、《三國演義》、《水滸傳》三大中國古典小說名著看完（《紅樓夢》一直到大學時才看完）。

　　初中迷上武俠小說，上課偷看，下課繼續看，連晚上都躲在蚊帳猛看，不但成績一落千丈，眼睛也搞成近視。考上高中後，在升學主義的壓力下，閱讀課外書幾乎「熄火」。進入大學，功課壓力大減，開始閱讀大爆發，閒暇時逛中華書城、重慶南路的書店，還不時到牯嶺街舊書攤尋寶，靠著當家教、擺地攤、幫教授做測驗助手……賺的錢，買書毫不手軟。這一買就買了幾十年，家裡的藏書大約有四千多本書。

　　年過花甲，視力每下愈況，看書愈來愈吃力，曾看過一篇文章，一個人活到六十歲，人生應該開始清倉，於是把自己身邊用不到的東西，分享給別人使用。首先處理的是佔據空間最

多的書櫃、衣櫃。2013 年 9 月，我花了一段時間，將藏書整理裝箱，除了內人要留下的書，約三千餘本各類書籍，捐給嘉義市博愛社區大學，另有幾百本書捐贈救國團嘉義團委會。將心愛的物品捐贈出去，難免捨不得，最初幾天，心裡總是怪怪的，沒想到，不久就漸漸無感了。

　　我家衣櫃約有六成是內人的衣物，雖然幾次和內人溝通，希望她把穿不到的衣物，捐給慈善團體或需要的人，「這衣服是誰買給她的」、「這件還能穿」、「我喜歡這件衣服的樣式」……，內人有一堆的理由，捨不得捐出去。我則將身材改變已無法穿、沒機會穿的衣物，趁自己到寮國、緬甸、斯里蘭卡、高棉等物質較貧乏的國家時，帶去贈送當地需要的人；有些則捐贈慈善團體、義賣或放到收取捐衣物的箱子。

　　有次在日本下呂朝市農特產品的攤位中，我們發現了一個販售陶、瓷器、繪畫及藝品的小攤，主人是個年過七十的歐吉桑，眼看別的攤位忙進忙出，忙著招徠生意，唯獨他沒事似地，我們入內一探究竟，舍弟看上一件素燒陶罐，標示的價格，便宜得讓他傻眼。我們十分好奇，以蹩腳的日語加上比手畫腳，和歐吉桑閒談，才知道歐吉桑賣的物品都是他過去高價蒐購的珍藏品。

　　他神情落寞的對我們說，子女不重視他的珍藏品，等他往生後，這些珍藏可能淪為垃圾，倒不如趁他還活著，賣給識貨的有心人。

　　在經濟困窘的年代，人們苦於物資匱乏，如今，則是為東西太多而煩惱。我喜歡出國旅遊，每到一個地方，總喜歡買些

土特產、紀念品——緬甸的沙畫、刀片畫、埃及聖甲蟲石雕、
新疆維吾爾土碗、比利時銅雕尿尿小童、日本柴燒小花瓶、雲
南瀘沽湖重彩畫、尼泊爾優格陶盆、西藏轉經輪、巴里島裸女
木雕、高棉四面佛石雕、陝北五毒帽、布老虎、蘇繡、無錫泥
娃娃、南京織錦……除了一些可以進肚子的食品，這些昔日的
珍藏，如今變成佔據空間的麻煩品。

　　我請一位在北港牛墟擺攤販買骨董、民俗藝品的朋友幫忙
處理過去瞎拚的戰利品，她直接告訴我抱著「血本無歸」的心
態，才能脫離對物品的執著。

　　日本女作家曾野綾子在「晚年的美學」裡提到，她的母親
往生後，家人只花了半天就處理完母親遺物。而她的一位朋友，
僅僅處理婆婆留下的一千多個袋子，就花了半年的時間。

　　別把麻煩留給親人，生前就要「斷・捨・離」！

老年三寶──老本、老伴、老友

　　過去國人有句老話「養兒防老」，如今網路上流傳的是「養老防兒」，看似一句玩笑話，其實反映的是社會現況，背後有深沉的悲涼。

　　臺灣早期經營香蕉進出口買賣，有「青果大王」之稱的陳查某，於 1993 年過世，第二代因爭產告上法院，兒孫輩對於遺產分配有疑議，無法解決稅的問題，行政執行署執行查封陳查某的土地、股票、上市公司股份、現金及土地徵收補償金，直到 19 年後，才執行完畢結案。

　　生前叱吒風雲的億萬富豪，因家人對墓地各有看法，無法「入土為安」，陳查某的大體棺木停放在陽明山仰德大道陳家別墅區超過 4 年，甚至驚動前副總統連戰以姻親身分出面關心，再經親友多方協調，陳查某最後才得以下葬。

　　無獨有偶，2008 年 10 月 15 日上午，王永慶突然在美國去世。由於事出突然，王永慶之前又沒有立下遺囑，導致子女們無法按照王永慶的遺願來分產。爭產戲碼立刻上場，除了眾所周知的三房，又殺出第四房，精彩情節勝過電影。 其後，船王張榮發、澳門賭王何鴻燊……豪門爭產戲碼持續上演。

　　富豪後代為爭奪動輒上億的遺產殺紅眼，平民百姓雖然財產不多，但後代爭產也不遑多讓。遺產就像一把刀，即使是同

父同母的兄妹，為了爭遺產，親骨肉也殺得刀刀見骨，形同幾世的仇人。民國 71 年，我擔任某高工木工科導師，一位學生要請事假，原因是他祖父去世，父親與叔叔為分遺產大打出手，兄弟持刀互砍，雙雙住院治療。

有個朋友的父親去世，留下一塊土地，二子二女為了分土地吵得天翻地覆，朋友兄弟不願與兩個姊妹平分土地，結果，姊妹硬是不蓋章，不過幾分大的土地，一拖幾十年都無法處理，成為荒地。

有些人擔心子女爭奪遺產，造成家族糾紛，於是生前就處理家產，但老邁雙親將家產分給子女後，不孝子女棄養父母的事件司空見慣。著名烹飪大師傅培梅，晚年將所有財產變賣或抵押資助兒子及女婿的生意，雖然傅培梅表示「完全不是那碼事」，但晚景淒涼卻是不爭的事實。

許多人都聽過這個故事，有個銀髮族，只要兒孫回家看他，所有開銷一律由他買單，臨走還附送路費、紅包，每逢假日，家中子女個個滿懷歡喜報到。雖說親情不該用金錢、物質換取，但用一點小手段，讓全家歡喜共享天倫樂又何妨？！另一個故事，經濟狀況、職業、家庭成員等背景大致相同的老人家，只要兒孫回家，總擺出一張臭臉，劈頭就是不停的抱怨、責罵，又節省到不行，家裡堆的滿滿都是沒用的物品，連走路都成問題，兒孫們怎麼會回家？！

「金錢不是萬能，沒錢萬萬不能」，沒了老本的老人，晚景豈止一個「慘」字可形容。銀髮族千萬記住只有保住老本，才不致變成下流老人！

　　民間俗話有種說法──夫妻是「相欠債」，因為前生的恩怨情仇沒處理完，今生是來還債的，所以吵吵鬧鬧是不少夫妻的家常便飯。有一次到國立嘉義家職演講，主題是「甜蜜的家庭」，我問全校師生：「父母親沒吵過架的人請舉手」，結果，千餘師生竟然沒有一個人舉手。

　　有個朋友夫妻倆幾乎天天都會為些芝麻蒜皮的小事吵個不停，太太經常和我們抱怨先生的種種不是，恨不得老公早點一命嗚呼。結果，老公真的發生意外死了。我們都為這個太太鬆口氣，從此她不必再為天天吵架煩心啦。

　　喪禮結束，太太摸黑回家時，在巷子口發現家裡一片漆黑，想起過去家裡總是燈火通明，如今卻是伸手不見五指，心頭頓時一酸……。後來，她對我們說：「過去天天嫌先生煩，希望他早點死掉，如今先生去世，她連吵架的對象也沒了……。」

　　「王子與公主從此過著幸福美滿的生活！」童話故事的美滿婚姻讓不少人憧憬不已。1981 年 7 月 29 日，黛安娜王妃嫁給查爾斯王子，這場童話般的世紀婚禮轟動一時，誰知道，看似幸福美滿的婚姻，讓許多人跌破眼鏡，查爾斯和黛安娜對婚姻都有許多不滿，查爾斯王子忘不了舊情人，兩人藕斷絲連，黛安娜受不了外表光鮮亮麗的假象，甚至罹患憂鬱症，多次企圖自殺。經過四年的分居，這對夫婦於 1996 年 8 月 28 日正式離婚，現代版的「王子與公主」黯然落幕，讓不少人唏噓不已。「家家有本難念的經」老祖宗的話果然放諸四海皆準。

　　從「讀你千遍也不厭倦」到「毒你千遍也不厭倦」，從「你儂我儂」到「你聾我聾」，儘管夫妻倆「相敬如冰」，短則幾

個月、長則幾十年的婚姻，夫妻倆真的就是「你泥中有我，我泥中有你」，記住大師的話——家不是講道理的地方！，把「還債」轉念為「報恩」，夫妻間「轉個彎就陽光燦爛」！

「執子之手，與子偕老」帶著老本、領著老伴、陪著老友，想玩就玩、愛吃就吃……千萬別等老了、病了，才後悔！

人類是社會動物，不應離群索居，每個人和社會上的全體都相互影響，在人生旅程中，朋友是父母、兄弟姊妹之外，非常重要的角色。朋友是最好的後盾，「有福同享，有難同當」，在人生低潮時安慰鼓勵你，拉你一把，讓你度過難關。朋友是生活的調味劑，讓生活變得更繽紛、多彩多姿。

有人說：「人生就像搭車，每個站都有人上車、下車，有人離我而去；有人相偕同行，隨著時光流逝，我們慢慢成長，

朋友圈不斷更替。」年輕時,我們忙著求學、工作、結婚,許多朋友因此逐漸疏遠,甚至斷訊。

當子女長大了、從職場退休了,許多人發現生活突然失去重心,不知如何打發時間。有個朋友 A 君,上班時每天忙碌工作後,一攤接一攤,喝酒、唱歌、打打小牌……應酬不斷。即將退休時,他的朋友 B 君送來兩隻小鳥,他笑著說:「沒時間養這玩意!」請 B 君帶回去自己養,B 君說:「暫時先留著,等過些日子再說吧」,A 君只好勉強將小鳥帶回家。「人走茶涼」A 君是個中級主管,退休後沒權沒勢,一些所謂的好友立刻鳥獸散,不見蹤影,退休沒幾天,A 君發覺整天在家左等右等,都沒半通邀約玩樂的電話。無聊之下,他開始餵食小鳥、幫小鳥洗澡、遛鳥,慢慢有事可做,才了解 B 君的用意。

我的大學畢業 20 年、30 年同學會都是重回系館走走,吃個午餐就解散。大約 7、8 年前,在花蓮遇見一群老人,閒聊下知道他們是某大學藥學系畢業 50 年的同學會,以一星期時間環臺一周,重溫昔日的畢業旅行。看這些老先生、老太太溫馨、快樂的景象,內心十分感動。民國 104 年,在我建議下,我們畢業 40 年同學會改為 3 天 2 夜溪頭、日月潭之行,同學們秉燭夜談,談當年一起做過的糗事──翹課到東南亞戲院看二輪電影、暗戀的對象、跨年月夜健行、鐵騎自行車隊、一起找考古題、第一次看到女同學穿迷你裙……大家彷彿回到 18、9 歲青春歲月,滿滿的幸福洋溢臉上。

　　真正值得用心的友情，是需要認真經營的，沒有「一番寒澈骨」的試煉，就沒有「撲鼻梅花香」的友情。沒有噓寒問暖、沒有電話聯繫、不傳 Line、不登門造訪……回首一望，燈火闌珊處，怎會有那人？！我們常以為「君子之交淡如水」，卻忽略了「細水才能長流」，我們習慣朋友就是應該經常出現在我們身邊。

　　朋友不欠你情、不缺你吃、喝……長期「有來無往」，好友會漸漸離開你的生活，當你遇到挫敗時就別怪找不到人談心；當你老了，就甭怪沒有朋友，因為「當他們需要你時，你也不在」。

　　據衛福部「2017 年老人狀況調查報告」，65 歲以上長輩每 5 位就有 2 位平均每周與親友、鄰居互動的頻率少於 1 次。此

外，臺灣、日本與美國的研究調查也發現，長輩缺乏社交生活下罹患失智症、憂鬱症的風險增加 2 倍；外出頻率低導致步行障礙風險更提高到 4 倍。

　　除了保住老本、善待老伴，趕快拿起手機、發個 Line 給老朋友吧！

從地圖消失

　　小時候，家在嘉義縣大林鎮偏僻的社團新村，村子距離大林鎮鬧區約 6 公里，每天只有清早、傍晚各一班次的公車到村口，錯過了，就得步行半小時到三和（每半小時一班公車），或步行約二十分鐘到內林（約一小時一班公車）搭車。有時跟媽媽到大林或嘉義買東西，由於難得到城市，即使要走一段路，總是興沖沖地，一點也不覺得累。

　　民國 60 年到臺北念大學，每次寒、暑假回家，都得從大林搭公車到內林、三和，然後再步行回家，途中會經過一些小村落，當時，每個村落都是人來人往，少數的老人聚在廟埕談天說笑，十分熱鬧。

　　一直沒注意到，老家附近的村落跟著我慢慢的老了，民國 107 年，母校社團國小創校 60 周年，有次我回母校參加校慶籌備會，大約晚上 8 點開完會，我開車出了校門，記憶中，總是燈火通明的村落，竟然一路漆黑，偶而看見零零星星的燈光，也是黯淡的夜燈。

　　心頭猛然想起，村莊都是老人，家家戶戶都早早關燈睡覺了。

　　後來有幾次，特別在白天到內林、溝背、上林頭、下林頭、石仔寮、三角里、北勢等附近村落看看，小時候總是有一大群孩童嬉戲的村莊，如今只有零星的兒童，絕大多數都是老人、外籍看護。

　　高齡化十分嚴重的日本，將 55 歲以下人口超過 50%以上的村子稱為「存續集落」；55 歲以上人口占 50%以上，稱為「準限界集落」；65 歲以上人口超過 50%以上，就稱為「限界集落」；接下來，則步向「超限界集落」直到「消滅集落」（滅村）。

　　日本四國德島平家之里中有個小村落，名為「天空之村・稻草人之里」的名頃集落。原來住在大阪的綾野月美，為了照顧年老的父親，於 2002 年回到家鄉，當年村子的人遷居的遷居、去世的去世，整個村子死氣沉沉，綾野月美最初為打發時

間，做了一個與父親等身大的布偶，放在農田裡當稻草人保護
農作物。後來發現鄰居滿喜歡的，綾野月美靈感一發，想到製
作人偶增加人氣的念頭。名頃集落雖然名氣開始響亮，吸引不
少遊客旅遊，但全村人口持續減少，如今只剩三十多人。雖有
超過 300 個人偶，畢竟不是活生生的！名頃集落能逃過滅村的
命運嗎？

　　2008 年 8 月家族到馬祖東莒旅遊，在著名的東莒燈塔旁有
個大浦村，我們進村莊逛逛，發現絕大多數房子都沒人居住，
聽附近居民說，全村只剩兩戶人家，其中一戶的老人因村中無
人，生活無趣，結果得了憂鬱症，第二年，我再度造訪東莒大
浦村，全村已無居民常住，空無人居的家園淪為附近村民養雞、
羊的場所，大浦村已滅村。

　　據內政部戶政司的統計資料，2020 年前 11 個月出生人口 14 萬 7702 人，死亡人數 15 萬 7948 人，人口自然成長首度負成長。全臺已有 23 個鄉鎮老年人口超過 14%，達高齡社會指標，更已出現老年人口超過 20% 的超高齡鄉鎮，這些「老人鄉」多集中在東北角、苗栗、雲嘉南和花東沿海地區。

　　日本福江省五島市因少子化、年輕人口外移，9 成高中畢業生到外地求學、就業，人口急遽高齡化。五島市政府補助學費和免費住宿，招攬越南年輕人到當地就學，希望為五島市注入新能量。

　　大陸鄉村年輕人外出打工的情況十分嚴重，為吸引年輕人返鄉就業，官方大力在各地打造「美麗鄉村」，投資基礎建設、公共設施……，搞特色旅遊、高經濟農業等，成效頗好。此外，一些無法發展美麗鄉村的偏鄉村落，則將老人集中搬遷到設施完善的小區，以解決老齡化社區的不便。

　　「他山之石，可以攻錯」臺灣進入老齡化社會，醫療、照護、終老等諸多問題已火燒屁股，政府有對策嗎？！

桃花源在哪？

　　「故人不獨親其親，不獨子其子；使老有所終，壯有所用，幼有所長，矜、寡、孤、獨、廢疾者，皆有所養」、「土地平曠，屋舍儼然，有良田美池桑竹之屬。阡陌交通，雞犬相聞。其中往來種作，男女衣着，悉如外人。黃髮垂髫，並怡然自樂」，千百年來，人們嚮往大同世界、桃花源，追求「烏托邦」。努力拚搏數千年，如今雖然經濟發達、科技進步、交通便利……物質生活愈來愈好，但人際疏離、族群紛爭、宗教衝突、代間差異，國際間恐怖主義橫行、敵對國家間劍拔弩張……，人類離桃花源愈來愈遠了。

　　「青山雲外深，白屋煙中出，雙澗左右環，群木高下密。曲徑如彎弓，連牆若比鄰，自入桃源來，墟落此第一。」群山懷抱、溪水環流的村落依山就勢，一幢幢臨水而建的古民居，有高聳的馬頭牆、曲折的牆面、形狀各異的石雕漏窗、青石板路、街頭巷尾的石凳坐滿聊天的村民、水井旁盡是忙著洗衣、洗菜、挑水的婦女，田野間忙碌的農人、溪流裡戲水的兒童……這是一些大陸鄉間的簡樸生活，沒有炫麗耀眼的霓虹燈；沒有山珍海味、美酒佳餚；沒有排放廢氣的工廠；沒有車水馬龍的街道、櫛比鱗次的商店……，清新的空氣、緩慢的步調、濃郁的人情、閒適的生活……卻好像與傳說中的桃花源相去不遠。

　　過去農業社會，有些村莊居民都是同姓宗族，兄、弟、叔、伯同住在一起。男人耕作、打獵、捕魚維持家計；女人洗衣燒飯、縫衣補褲操持家務，那個時代，年輕人不必外出打工、無需「北漂」。家族在一個屋簷下，一起生活，村人都互相認識，孩子家裡、村子、鄰家到處趴趴走、玩耍，根本不擔心被綁票。大人「日出而作、日入而息」、春耕夏耘、秋收冬藏；老人含飴弄孫，平日有家人承歡膝下，病了，有一堆親人照顧。這不就是「幼有所長，壯有所用，老有所終」的大同世界嗎？

　　每次到大陸、緬甸、寮國、斯里蘭卡等國家的偏鄉旅遊，看見大媽、大爺端著飯碗，走門串戶邊吃邊聊的熱鬧景象，就想起臺灣家人吃飯，全家一起低頭滑手機的冷淡情景。看見一群老人聚在村角曬太陽、談是非，再想到臺灣老人孤孤單單的枯坐家門口，呆看來來往往的路人，怎不令人慨歎？！從人性的角度來看，農業社會與工商社會相比，似乎更有人性、更有溫度。

　　人類腳步不停前進，從農業社會邁向工商社會，從徒步到乘坐牛、馬、驢車、板車；騎自行車、機車；駕駛轎車，再進步到搭郵輪、飛機，人類的腳步跨出村莊進入城鎮、邁向國際，科技讓人類「天涯若比鄰」，也造成高樓大廈住戶對面不相識、左鄰右舍「各掃門前雪」的「比鄰若天涯」情況。

　　人類能讓太空梭飛上幾千萬公里的月球、火星，但何時能捉住近在身邊的人心呢？

成都老人的一天

　　中國大陸有則關於成都的笑話——搭乘飛機時，如聽到嘩啦嘩啦的麻將聲，就表示飛機已抵達成都上空了。雖然看來是個笑話，卻說出成都人的生活方式，對不少身處忙碌社會、面對沉重生活壓力的人來說，約三、五好友，找個時間來場「方城之戰」是多難得的事啊！

　　「十億人民九億賭，還有一億在跳舞」，這則幾十年前大陸流傳的順口溜，顯示出當年民眾無所事事，整天摸魚打混的日子；大陸改革開放後，大家「一切向『錢』看」，情況變成「十億人民九億商，還有一億跑單幫」。經濟發展了，荷包有錢了，有車了、有房了……物質生活變好了，但「個人自掃門前雪」，人情淡薄、唯利是圖、世代差異、貧富差距等現象，卻讓不少人慨歎過去的濃郁人情味沒啦；親密的敦親睦鄰沒啦；親友的噓寒問暖少啦……。

　　到大陸自助旅行，我喜歡前往偏鄉，實際體驗庶民生活，曾經在山西平陸地坑院、廣西龍脊梯田壯寨、福建尤溪土堡、廣東惠州博羅老家、江蘇淮安楚州的母親老家、新疆圖瓦人村落、貴州雷山縣郎德上寨、雲南省文山壯族苗族自治州丘北縣普者黑彝族農家……待過，蠻嚮往鄉下人的悠閒生活。多次四川行，前往隆昌、雲頂寨、堯壩、仙市、丹巴、李莊、洛帶、

磁器口等古鎮、古村落，對四川人的生活態度更是羨慕不已。

有次到成都旅遊，好友 Y 老師特別拜託家住成都的小舅 L，陪我體驗成都老人的一天，次日一早，L 就到我的住宿酒店，我放棄酒店的豐盛早餐，跟著 L 走進尋常百姓的早餐店。

L 告訴我：「在四川，宜賓人愛吃麵、綿陽人愛吃粉、富順人吃豆花、江油人吃肥腸……」一般說來成都早餐有 4 寶──包子加稀飯、豆漿加油條、各種麵加肥腸粉、鍋盔。其中鍋盔最引起我的興趣，鍋盔其實就像燒餅、夾饃的混合品，大致分為油酥鍋盔、白麵鍋盔。牛肉餡、豬肉餡最受歡迎，此外還有夾滷蛋的、夾蘿蔔、粉絲、海帶絲、萵筍絲甚至也有夾椒鹽紅糖的。

吃完早餐，L 帶我鑽進成都老太爺、老奶奶最喜歡逛的傳統市場，鬧熱滾滾的市場內，不時可見老奶奶和小販為一隻笨雞（土雞）、一條魚或土豆（馬鈴薯）、雞蛋、西紅柿……討價還價，有人算完帳還跟小販要根蔥、蒜；調味料店更是人潮不斷，愛吃辣的成都人，在紅通通的各式辣椒醬前精挑細選，然後滿足地拎著一堆新鮮食材回家。

我們是來體驗生活，純看不買，市場遛一圈，湊湊熱鬧就離開。接著 L 帶我到他經常光顧的茶館，泡上一壺茶，再配上幾碟瓜果零食，與他的茶友打屁哈啦，大家對我這個台胞蠻感興趣，問東問西，我反倒成了龍門陣的主角。

茶館裡煙霧瀰漫、人聲鼎沸，吸菸的、打牌的、下棋的、寫字作畫的……各有一片天，人們在茶桌竹椅上體會塵世喧囂、度過悠悠歲月。「有人潮就有錢潮」掏耳朵的、擦皮鞋的、

賣小紀念品的穿梭在茶客間，客人則各取所需，也許是具有加乘作用，茶館老闆非常歡迎各種手藝人到茶館。

　　午餐過後，L 帶我去看成都的招牌景觀——打麻將，成都老人打麻將很隨興，不論時間、不管地點、不在乎賭資大小，只要湊齊四個人就上陣，小區的茶樓、公園的茶館、街道的兩旁、住家的騎樓……大剌剌地擺上麻將桌就開打，嘩啦嘩啦的麻將聲「聲聲入耳」，不少老人一個下午就消磨在「萬」、「筒」、「條」、「東西南北中發白」中。

　　L 盡地主之誼，晚上請我到火鍋店品嘗著名的麻辣火鍋，又麻、又辣、又油的火鍋，吃得我滿頭大汗，L 卻是神情自若，成都人吃辣果然要得！

　　俗話說「在家千日好」，成都老人卻是「出門時時好」，晚餐後，第一選擇是廣場，大大小小的廣場盡是大媽、大爺們

的身影，隨著音樂震天價響，老人們盡情舞動——民族舞、流行舞、交際舞、廣場舞隨手拈來。讓原本應該冷清清的夜晚，增添無比熱情，如果少了廣場舞，成都的夜晚必定寂寞多了！

　　一天的成都老人生活，讓我想起臺灣的老人，進入少子化、高齡化社會，除了大都會，臺灣不少地方年輕人嚴重外流，老人獨守家園已是司空見慣的現象。往昔村頭巷尾、廟埕廣場還有老人聚集閒聊，如今多數的獨居老人看著電視、盯著手機、等著電話……；少數被子女接去同住的老人家，卻不習慣子女的生活。一位教官朋友從居住數十年的嘉義，搬到兒子在臺中的豪華公寓，兒子嫌他穿得邋遢、鬍子不刮形象不好，讓他心

裡很不痛快。朋友見他這樣，嘮叨他有孝順的孩子，吃的好、住的好，還成天擺臭臉……他私下對我們訴苦說：「我的朋友都在嘉義，一輩子都在嘉義活動，雖然嘉義的宿舍小，但生活自由自在；搬到臺中後，連出門都困難，又沒朋友，成天被關在公寓，我變成金絲雀了！」，多深沉的無奈啊！

　　看到許多臺灣老人的處境，讓我想起詩聖杜甫在成都草堂寫的詩《茅屋為秋風所破歌》——「安得廣廈千萬間，大庇天下寒士俱歡顏，風雨不動安如山。」

　　臺灣老人現在缺的是「安得廣場千萬處，大庇天下銀髮俱歡顏。」；臺灣老人還缺「歌聲、笑聲、哈啦聲、聲聲入耳」！

永保赤子之心

　　媒體上偶而會看見報導「不老騎士」自行車環島、高齡老人登玉山、冬泳老人、老人橫渡日月潭、老人讀大學圓夢等激勵老人的事蹟。這些老人固然令人讚佩，但我始終認為「保有不老的心，但身體要認老」才是硬道理。銀髮老人縱使生活規律、營養均衡、運動充足，體能狀況良好，畢竟歲月不饒人，別被老而彌堅、老當益壯、寶刀未老等讚譽沖昏頭。「不老騎士」、冬泳老人等都是天賦異稟、基因絕佳、萬中挑一的特殊人物，我們絕大多數都是普通人！

　　根據研究指出，一般健康民眾在 40 歲時，器官功能有80%，而 50 歲時功能有 70%。但隨著年齡增長，器官功能衰退加快，到了 70 歲時只剩下 35%。

　　就像食物有賞味期，物品有使用期限，人體器官也有保固期，根據醫學報導，人體 10 大器官的保固期排名第一的是肝臟，保固期 70 年，亞軍腸道的保固期 55 年，第三名腎臟保固期 50 年，心臟排第四保固期 40 年。看似十分堅固的牙齒保固期 40 年，眼睛保固期 40 年、骨骼保固期 35 年、皮膚 25 年。十大器官排名後兩名是肺臟、大腦，保固期都只有 20 年。

　　醫學報告指出，人類出生時腦部的神經細胞數量達到 1000億個左右，但從 20 歲起開始逐年下降。到了 40 歲開始以每天

1 萬個的速度遞減，進而對記憶力、注意力與感官能力造成影響。我們總認為經常動腦筋，腦筋就會愈靈光，事實上，大腦只有 20 年保固期，天王老子都無法改變。

　　幾年前，有個剛滿 70 歲的朋友，參加旅行團到花東旅遊，大家在某個風景區閒逛，經過一處小土堆，她看每個人輕輕鬆鬆就從土堆上跳到平地，忘記自己已是古稀婆，跟著往下跳，結果腳踝扭傷，回家後復健近半年才恢復。

　　朋友的經歷讓我這個花甲翁深深警惕──千萬別以為自己是 17、8 歲年輕小夥子。109 年 10 月嘉義縣鹿草鄉舉辦菱角節，我與內人和前三級跳遠國手蔡登龍夫妻去湊熱鬧，為了拍攝菱農採摘菱角的鏡頭，需要越過一條寬約 1 公尺的灌溉溝渠，蔡兄發揮國手身手，一躍而過，我在溝渠旁猶豫再三，一面想應該跳得過去，一面又擔心摔到水渠，雖然蔡兄一再催促，還要伸手幫我，最後，我還是決定「安全第一」，繞一段路過橋到菱角田。

　　隨著年齡增長，身體器官逐漸老化、退化，身手不如過去矯健靈活，處處感覺不方便、不順心，不少老人出現心理障礙──這也不行、那也不能，生活圈愈來愈小，最後就成了宅老人。

　　許多遊覽車的廁所只是裝飾品，根本不讓乘客使用，我有一些朋友因為攝護腺肥大頻尿，擔心尿急、憋尿，大多不出外旅遊，有些則堅持只搭乘有廁所的交通工具。政府一再高唱「友善城市」、「友善社會」，卻經常看見老人找不到公廁的窘象，連最基本的老人「方便問題」都無法解決，遑論其他。

　　2007 年到寮國旺陽，正好碰到一年一度的「雨祭」，一群村民和遊客在泥濘的田野中，打泥巴戰、翻滾……HIGH 到不行，我心癢癢地想下場湊一腳，但內人一再阻攔，結果留下一個至今還後悔的遺憾。

　　您有多久沒玩泥巴了？多久沒赤腳走路了？多久沒扮鬼臉了？多久沒嚎啕大哭？多久沒扮「家家酒」？多久沒玩躲貓貓、沒放風箏、沒爌土窯、沒玩沙包、沒到小溪打水仗、沒打水漂……？

　　「永保赤子之心」！3、4、5 年級生，別再回憶童年趣事了，忘掉您的年齡，讓自己的心回到 7、8 歲，去玩玩泥巴、打打水仗、爌土窯、玩沙包……再享受一次童年吧！

追求長生不老的現代秦始皇

　　網路上朋友傳來的保健、養生相關資訊撲山倒海而來，年齡相仿的朋友見面閒談，也總是離不開病痛、保健等事。我大約估算過，如要做到網路的保健方法，一天 24 小時都不夠用。面對源源不絕的養生資訊，有位大學校長的對策是——除了漫畫、笑話，有關身、心、靈保健的資訊都不看！

　　名列中國當代十大畫家之一的梅墨生，是詩人、學者、太極拳家、中醫影響世界論壇副秘書長、中國武術七段、北京吳式太極拳研究會常務副會長、武當山武當拳法研究會顧問。梅墨生 14 歲習長拳，25 歲習太極拳，一生注重中醫養生，曾在各大報刊雜誌發表過許多養生經典理論文章，教育大家注意養生，是著名中國養生名人。但是，養生大師卻在 2019 年 6 月 14 日死於大腸癌，享年 59 歲。

　　2019.11.17 日，大陸廣東中億健康科技有限公司董事長陳沛文，在講臺上演說關於如何維持健康長壽的秘訣，並推廣自家產品，不料講到一半時，竟突然一陣腳軟，先是整個人撞上講桌，隨後昏倒講臺上失去意識，送醫急救不治死亡，年僅 51 歲。

　　被稱為健康「個人責任說」宣言的頒布者——洛克斐勒基金會主席諾爾斯，主張疾病是「貪吃、酗酒、疏忽駕駛、濫交

和吸菸」，以及其他不良選擇的後果。「律己嚴」的諾爾斯，52 歲死於胰臟癌，一名醫師評論家慨歎「顯然健康出問題，不總是我們的錯」。

「自稱是個運動狂」，《紐約時報雜誌》報導說她「連一根炸薯條都不碰，更別說抽一根菸了」的女性連鎖健身房老闆露西兒‧羅伯茲（Lucille Roberts），59 歲死於肺癌。

酒中仙喜歡拿「喝酒傷肝，不喝傷心」來合理化自己的喝酒；老菸槍認為「飯後一根菸，快樂勝神仙」；一些口饞的人會以「撐死勝過餓死」為自己找理由。「林彪不抽菸不喝酒享年 63 歲；周恩來不抽菸只喝酒活了 73 歲；毛澤東抽菸不喝酒活到 83 歲；鄧小平既抽菸又喝酒 93 歲才歸西。」雖然是則真假參半的笑話，但卻讓菸槍、酒鬼「撿到槍」津津樂道。

秦始皇求為求長生不老，派方士徐福帶童男、童女各三千，乘樓船入海，赴蓬萊、方丈、瀛洲三神山求不死之藥，一去不返。自秦始皇以後，歷代不少皇帝都在求長生不老藥，唐代是煉丹術的全盛時期，太宗、憲宗、穆宗、敬宗和晚唐的武宗、宣宗都因為吃仙丹死亡。掌握全國最好人才、最好藥材、最佳醫療的皇帝，都無法靠仙丹妙藥長生不老，更不用說一般百姓了！

如果不是有許多人相信養生保健藥品的功效，熱衷購買食用，怎麼可能在藥妝店、中藥行、藥局、直銷、百貨公司、超商甚至傳統市場，到處可見到健康食品、保健藥品、中藥秘方、西藥補品……？！更離譜的是地下電臺充斥賣藥節目，主持人以如簧之舌誇大藥效，加上「見證人」的保證，讓不少老翁、

老嫗趨之若鶩，床頭、櫃子……到處都是昂貴又無效甚至傷身的保健、養生藥品。

　　如果世上真有長生不老靈丹，成吉思汗、史達林、毛澤東、蔣中正、華盛頓、羅斯福；超級富豪洛克菲勒、王永慶、歐納西斯、智力超人的賈伯斯、牛頓、愛迪生、愛因斯坦；阿根廷足球傳奇馬拉度納、奧運十項運動金牌強生……這些世界上最有權勢、最有錢、最聰明的人，怎會不敵死神？！

牽蝸牛散步——慢活

　　一支西方的考察隊深入非洲腹地考察，請附近部落的土著做背伕和嚮導，由於時間緊湊必須趕路，土著們背著幾十公斤的裝備物資，一連三天順利地按計劃行進。到了第四天早上，土著全在休息不走了，考察隊好說歹說，土著們就是不願出發。隊員們很奇怪，這幾天大家相處得很好，是不小心觸犯了他們的禁忌，還是要坐地加錢？

　　考察隊隊長找來土著人的頭領，瞭解究竟是何情況，頭領解釋道：「按照族人的傳統，如果連續三天趕路，第四天必須停下來休息一天，以免靈魂趕不上我們的腳步。」。

　　有位企業家是個十足的工作狂，某天起床後發現身體怪怪的，整個人懶洋洋，做任何事都提不起勁，找了幾家醫院就醫，做了一堆檢查，都找不到病因。企業家困擾到無法安眠，四處打聽名醫求診，始終不見改善。最後，一位朋友介紹他一個老醫生，企業家抱著不妨一試心態前往就診，老醫生詳細問他的生活作息、身體狀況、工作……，然後開出一道藥方——「牽一隻蝸牛去散步」。

　　企業家非常納悶，不知老醫生「葫蘆裡賣的什麼藥」，回家後硬著頭皮照做，第一天牽蝸牛散步，蝸牛慢吞吞，企業家愈走愈煩躁，第二天、第三天……，經過一星期，他發覺蝸牛

的腳步慢，跟著蝸牛慢慢走，可以欣賞路邊的野花；可以和鄰居閒話家常；可以看到周圍小朋友快樂的嬉戲；可以聽到蟲鳴鳥叫……。企業家終於知道老醫生的藥方是「放慢腳步」！

每次到東京、大阪等地，街道上匆忙的行人；火車站擁擠的人群；車廂內一臉疲憊的上班族；電扶梯上仍快步行走的人；居酒屋內孤獨的喝酒人，在在讓人感受到日本人的快、急、忙。日本人的勤勞舉世聞名，但過勞死也是舉世知名。近年來，臺灣追上日本的腳步，過勞死比例已衝上世界前茅。

有個弟子請教聖嚴法師：「以前臺灣流行『愛拚才會贏』，但是，現在有人開始提倡「慢活」，推動悠閒的生活，工作之外也要休閒。……」。聖嚴法師為弟子開示「慢活」的意思，「就如同禪修所說，放鬆、不要緊張。打拚是很緊張的，但慢慢地來，是在欣賞自己的人生，走任何一步，都是在享受、欣賞。」

讀書、工作、結婚生子、成家立業，養兒育女……辛勤工作幾十年，忙忙碌碌，從不停歇。如今，從翩翩少年到白髮老人；從青春美女變成銀髮老太，終於有了空閒的時間，我們可以慢慢地過日子，慢慢地喝杯下午茶、慢慢地在鄉間小路散步、慢慢地看山、看水、看花……。

Chapter 2

英雄最怕病來磨

人生七十才開始這裡痛、那裡痛

　　學校同事 L 主任於 2019 加入七十古稀翁行列，有次學校
退休人員聚餐，他笑著問同事：「什麼叫做人生七十才開始？」，
有人說：「七十才開始有時間旅遊」；有人說：「七十才開始
有空閒完成兒時夢想」；有人說：「七十才開始有自己的生活」；
有人說：「七十才開始想當年」等，大夥左一句右一句，場面
十分熱鬧。最後 L 主任回應大家的話──人生七十才開始這裡
痛、那裡痛！引得大夥一陣哄然。

　　L 主任提到 70 歲那年，2 月膝關節開刀，5 月眼睛白內障
開刀，接著腰痛、牙痛、胃痛、腳底筋脈炎等大小病痛不斷。
接著，S 老師說她最近右肩韌帶破裂開刀；Y 組長說他心臟裝
支架；K 老師說脖子長骨刺，轉頭要像機器人慢慢動；T 老師
說髖關節受傷，早晚要動刀……一群老人你一句、我一句，每
個人都有一本「病痛經」，大家都體悟到「人生七十才開始這
裡痛、那裡痛！」。

　　世界衛生組織將人的一生分為四個階段，第一階段活躍期
（1～35 歲）：器官逐漸發育完善，屬於較健康的時期。第二
階段下滑期（36～44 歲）：部分器官機能衰退，導致疾病形成。
第三階段是高危期（45～59 歲）：許多疾病的好發期。第四階
段高危期延續（60 歲以上）。

　　俗話說：二十比學歷，三十比體力，四十看能力，五十看

經歷，六十比財力，七十看病歷，八十翻黃曆。

　　另一大同小異的說法：十歲看智力，二十看學歷。三十看能力，四十看經歷。五十看財力，六十看體力。七十看病歷，八十看黃曆。我們絕大多數人，一輩子活在「人比人」的陰影下，卻不知最後比的是死亡！

　　人吃五穀雜糧，難免生病，蔣經國、星雲大師、鄧穎超、女星安吉麗娜‧朱莉、歌仔戲演員小鳳仙有糖尿病，美國總統川普、英國首相強森、網球球王約科維奇、NBA 一堆球員、日本「喜劇天王」志村健罹患新冠肺炎，音樂神童莫札特罹患肺結核，孫越、陶大偉、知名舞蹈家羅曼菲、前法務部長陳定南罹患肺癌，音樂泰斗李泰祥、「回到未來」男主角米高福克斯

等罹患巴金森氏症，立委高金素梅及蘇起、施明德等人罹患肝癌、影星「獨臂刀王」王羽二度中風，藝人小鬼黃鴻升「主動脈剝離」，戎祥、茂伯、馬兆駿、廣告名人孫大偉、前準內政部長廖風德、親民黨秘書長秦金生等心肌梗塞，美國前總統柯林頓也曾罹患過心肌梗塞。美國名嘴賴瑞金（Larry King）、迪士尼創辦人華特迪士尼（Walt Disney），以及印象派大師莫內、資深媒體人陳文茜罹患肺腺癌，前立委楊玉欣 19 歲被診斷出罹患罕見疾病，《心海羅盤》中的名人「葉教授」大腸癌，影星安・海瑟薇、羅賓威廉斯罹患憂鬱症，賈伯斯胰臟癌，南韓企業家李淳國狹心症、被譽為繼愛因斯坦後最傑出的理論物理學家霍金「漸凍人症」……。

　　無論達官貴人、富商巨賈、文壇泰斗、影視名星、藝術奇才等，甚至名醫、傑出科學家，在病魔面前一樣得低頭！

不敢過馬路──中風

　　因演出《獨臂刀》走紅的武打片巨星王羽，於 2011 年 6 月，在大陸輕微腦中風住院，身體左半部幾乎不能動彈，經過治療，2 星期後出院。4 年後，王羽在泰國機場返臺時，再度中風暈倒，經機場人員緊急送醫，醫生診斷為急性腦中風，前後兩次開刀，減緩腦壓，在泰國住院治療一段日子。2016 年 3 月 8 日，搭乘醫療專機返臺，住進振興醫院治療。

　　根據媒體報導，醫療專機、手術、療程以及看護、醫藥等費用，王羽的醫療費用，保守估計超過新臺幣 2,000 萬元，雖然入住費用不貲的單人病房，接受高價位的治療，但病情每下愈況。2019 年王羽獲金馬獎終身成就獎，由於他長期住院無法出席，由兩個女兒王馨平和王加露代為領獎，二女兒王加露在金馬獎頒獎典禮透露父親的病況，「是一個行走需靠輪椅，進食需靠鼻胃管，日夜需要有人翻身拍痰照護的失智老人」。

　　生病前，王羽住在新北市新店禾豐路的「歐洲印象」社區豪宅，半山腰的透天豪宅占地 1,100 坪，擁有泳池、花園、噴泉。他曾在新店豪宅接受媒體專訪，非常自豪地對來訪記者說：「在我眼中，帝寶、一品大廈只是 apartment，我的別墅有噴泉、游泳池，室內裝飾金碧輝煌，講句臭屁話，我這個才叫做豪宅！」

　　王羽的萬貫家產，如今，只能花在醫藥治療上；億萬豪宅

無法享受，住的是一張病床；能打能跳一身武藝，現在，卻連走路都得靠輪椅，中風輕輕鬆鬆就把武打巨星打趴在地。

衛福部 108 年國人死因統計，腦血管疾病占第 4 位，死亡人數達 1 萬 2176 人，讓人聞之喪膽。腦中風往往來得突然，讓人措手不及，多數患者輕則手腳麻木、嘴歪眼斜，有些出現中樞性癱瘓、周圍性癱瘓等後遺症，重則昏迷不醒、甚至一命嗚呼，只有 10 分之 1 的病人幾乎完全康復，其餘人面對的是漫漫復健路。

2011 年元宵節，朋友 K 先生因血管阻塞導致中風，緊急送醫治療，由於病情嚴重，醫院甚至發出病危通知給家屬。最後，K 先生逃過死劫，左手左腳半邊不靈活地出院返家。

K 先生建築業出身，為人阿莎力、出手大氣，交際廣闊，人緣絕佳，中風返家初期，不少朋友前來探望，門庭若市，慢慢地，來探視的人愈來愈少，「門前苔痕綠」。我與 K 君本來只是普通朋友，K 君中風後，有次去探望他，感覺他蠻寂寞、沮喪，很盼望朋友來訪。

雖然我不在乎民間一些禁忌的習俗，家母過世時，考慮有些朋友忌諱喪家親屬在百日內來訪，我「自我閉關」不去朋友家，也告知有忌諱的朋友不必勉強來慰問。事後，我深有感觸，在家裡發生喪事等不順心的事情，實在是最需要朋友關懷的時期。從此，朋友家中如有喪事，我都會專程前往悼祭。

感受 K 君的心境後，我決定每個月至少找一天去探視他，每次到他家，大概 2～3 小時的時間，陪他喝茶、吃水果、聊天，都可明顯感覺 K 君的歡喜。有次 K 太太藉著送我下樓的理由，

偷偷告訴我「老公中風後，就像變了一個人，整天都不太講話，動不動就發脾氣，這也不吃那也不吃，看甚麼都不爽。我日日夜夜盡心侍候他，還得看他臉色，真的是『做到流汗，還被嫌到流涎』。但是只要你來，平常悶不吭聲的老公，就恢復往日談笑風生的樣子，你一定要常來啊！」

　　過去四處趴趴走的 K 君中風後，半邊身子經常麻痺、僵硬，天氣濕、冷時尤其嚴重。雖然持續就醫服藥，並不定期復健、針灸，但效果不彰，走路不穩、行動不方便。他告訴我，曾經鼓起勇氣嘗試到外面走走，結果過馬路時，剛走到一半，綠燈變成紅燈，他卡在路中央進退兩難，嚇得從此不敢過馬路，現在，最多只能在社區大樓的中庭繞圈走。

　　另一個朋友 C 先生，陸軍官校畢業後，進入部隊，由於能力好、認真負責，深受長官倚重，從少尉排長一路順利升官，40 出頭歲時，奉派到金門，佔某步兵師參謀長缺，等著升上校，軍旅前途十分看好。不料 C 先生到金門報到後不久，妻子因操勞過度腦中風，緊急送醫，雖然撿回一命，但因中樞性癱瘓，只能躺在床上，無法行動。

　　C 先生愛妻心切，毅然放棄美好前程，從軍中退伍，回家照顧妻子。雖然退伍，C 先生依然不失軍人本色，指揮三個兒子一起從事照護工作。

　　在先生及兒子悉心照料下，C 太太中風後約 20 年才過世，三個兒子因為長期照護母親，都錯過婚姻，每個女朋友到他家，看到 C 先生躺臥在客廳的妻子就打退堂鼓。二兒子有個女友，曾嘗試幫忙照護，但不到三個月也知難而退。C 先生有次在朋

友聚會中十分感慨的說：「當年內人中風，我這麼做，究竟是
對還是錯？！」

　　依據臺灣地區腦中風盛行率的研究，35 歲以上罹患中風人
口約為千分之 15～20，60-79 歲則是中風發生率最高的年
齡層，每 10 萬人為 40.7～48.5%。臺灣地區 35 歲以上人口
約有 15～20 萬人罹患中風，一旦發生腦中風，不僅急性期的醫
療照顧支出增加，中、長期的醫療照顧支出與家庭社會的成本
更是龐大。

　　60 歲以上的長者，別以為每 10 萬人只有四十幾人腦中
風；35 歲的中壯年，更不要認為自己不會是倒楣的千分
之 15～20。世事無常，天曉得誰是下一個中風的人！

我們把媽媽的靈魂關起來了

　　幾年前，朋友 W 大姊的弟弟腦溢血昏倒在浴室，家人緊急送醫急救，但她弟弟始終昏迷不醒，毫無起色，親人到處求神問卜也無濟於事。W 大姊知道我與某宗教團體關係深厚，特地上門請我幫忙找法師祈福，朋友有事相託，我自然義不容辭，但在言談中，得知她弟弟已昏迷三天，我委婉地告訴她：「昏迷三天，大概會影響身體各器官正常運作，就算救回一命，也不會完完整整的，恢復原來狀況，你們雖然不捨，但您弟弟最好別醒過來。」

　　W 大姊與家人商量後，決定放棄繼續搶救的念頭，過兩天 W 大姊的弟弟往生了。臺灣第一個爭取安樂死合法的案例──王曉民勉強救回一命，結果卻成了「活」47 年的植物人。

　　1963 年 9 月 17 日，王曉民與一位男同學騎腳踏車，經過今敦化南路口附近，一位計程車司機車速過快，又沒保持安全距離，直接撞擊王曉民，王曉民頭部嚴重受傷，前額底骨折斷，腦幹部和左側眼神經受損，成為植物人。

　　王曉民車禍成為植物人，父母全力承擔照顧女兒的責任，對愛女照顧得無微不至，與看護輪班為其抽痰、按摩，還定期帶她出去曬太陽，分分秒秒不能疏忽的照護，身心負擔之大，難以想像。王曉民父母經常因此累倒。臥床數十年間，王曉民

曾多次因突發狀況，緊急送到高雄長庚醫院與榮總治療，醫護人員都為王曉民長期臥床卻不長褥瘡、皮膚細嫩感到訝異。王曉民的母親趙錫念於 1996 年胃癌去世，1999 年，父親王雲雷也因癌症過世，王曉民改由妹妹們委託專業機構看護，直到 2010 年 3 月逝世。王曉民在世 64 年，卻有 47 年過著「不生不死」的日子。

學校同事 F 主任的母親因心肌梗塞中風，急救無效成為植物人，由於老家在雲林縣偏僻海邊農村，孩子都在外地工作，家中無人照顧。母親出院後，四個兒子商議決定依鄉間習俗，每個月輪換一家，一起照顧母親。最初階段，還沒什麼大問題，一年多後，開始出現抱怨、計較的情況──每個月的日數不同、照顧期間的醫療開銷、誰的家境較好、誰住家較方便就醫……。

每個月輪換一家，載送已成為植物人的母親，對 4 個非專業護理的兒子、媳婦來說，是件非常困難的事，每次都得勞師動眾十分麻煩。四個兒子爭議愈來愈多，過了兩年，實在沒辦法撐下去，大家召開家庭會議，一致同意將母親送到安養院。

母親住進位在嘉義市的安養院後，由於 F 主任的兄弟都在雲林，F 主任家住嘉義市，成為探視母親的不二人選，雖然公務繁忙，他還是要抽空到安養院，看看母親狀況並回報給兄弟們。

F 主任與一群好友大約一個月聚會一次，大夥關心他母親情況，他總會簡單說明母親的狀況──有次他低頭附在母親耳邊叫「媽媽」，母親突然動了一下；有次帶兩個兒子一起去，兒子叫「阿嬤」時，他母親嘴角牽動，好像在講話；有時，他

們要離開，母親眼眶會含著淚水……只要有一點點反應，F 主任都認為母親狀況有改善，可能會更好，結果一年一年過去，F 主任的母親始終沒醒過來，當了 22 年植物人。

　　F 主任的母親去世後，有次他與朋友聚會時很感慨地說：「我們把媽媽的靈魂關了 22 年」！

　　媒體喜愛報導「植物人甦醒了」的醫學奇蹟，這些報導大都強調家屬的愛心、決心、毅力，故事雖然很感人，可是往往會誤導大眾，也間接傷害其他植物人的家屬，反倒製造更多悲劇。有人甚至懷疑自己是不是缺乏愛心、決心、毅力，才讓自家的植物人沒甦醒。

　　根據行政院衛生署身心障礙等級分類表，植物人是指因大腦功能嚴重障礙、完全臥床、無法照顧自己飲食起居及通便、無法與他人溝通者。這一類人不論行動、溝通、維生等都需仰仗他人，因而列入一級身心障礙。

　　被診斷為植物人的病人或許能夠睜開眼、發出呻吟，或是偶爾從喉頭擠出一些片段的字句，其實絕大多數被確診為植物人的病人，對外界沒有絲毫反應，也沒有任何思考能力。不過，有極少數的人，處於與「植物人」非常不一樣的狀態：他們的心智完全正常，但卻被困在受損的軀體和大腦中，無法向外界表達自己的想法。

　　根據衛福部統計，臺灣約有四千位植物人。國衛院的分析研究指出，35 到 39 歲間成為植物人，之後的平均餘命是 18.1 年，隨發生年齡延後，平均餘命減少，最短的是 85 歲以上發生的植物人，平均再活 3.4 年。

　　植物人的平均餘命長則十幾年，短也要三、四年，四千多個臺灣家庭，日日夜夜盼望奇蹟發生誰來敲醒沉睡的心靈？

我想吃一碗稀飯

　　羅賓・麥洛林・威廉斯（英語：Robin McLaurin Williams
（1951～2014 年）是美國著名演員，曾贏得奧斯卡金像獎、美
國演員工會獎、金球獎、艾美獎、葛萊美獎等殊榮。2014 年 8
月 11 日，羅賓被發現死於加州帕拉代爾凱自家寓所，享壽 63
歲，法醫判定羅賓死因是以窒息方式自殺身亡。一位名人說「我
想我們失去了一個帶給這個世界歡樂的哲學家，這是一件悲傷
的事。」

　　1998 年羅賓・威廉斯主演的《心靈點滴》（*Patch Adams*），
探討醫生與病人的關係，獲得極大迴響。由湯姆・薛狄艾克執
導，羅賓・威廉斯等人主演，影片改編自心理治療師派奇・亞
當斯的真實人生經歷，及其所著的小說 *Gesundheit： Good
Health is a Laughing Matter*。羅賓・威廉斯扮演的派奇，一心想
打造以病人為本的人性化醫院，他相信歡笑就是最好的醫療處
方，用樂觀及關懷的態度面對病人，雖然碰到不少挫折，但不
怕失敗、愈挫愈勇的精神，感動不少醫院同仁加入他的行列，
人性化的醫療幾乎讓每位病人都更有生氣。

　　醫院中有位令醫護人員頭痛萬分的癌症末期病人，在派奇
鍥而不捨的努力下，終於化解這位病人的防衛心，病人將個人
的最後心願告訴派奇，派奇想盡辦法讓癌末病患完成在「裝滿

義大利麵的泳池游泳」的最後心願，讓病人了無遺憾地走完人生旅程。

　　2021 年 2 月 15 日路透社報導，烏克蘭一名身患腦癌絕症的 10 歲男孩奧列克山德爾・安德列丘克（Oleksandr Andriychuk）身穿訂製警服，在家門口參加了烏克蘭西部員警部隊為其舉行的特別儀式，員警們排成一排立正為他鼓掌和敬禮，送給他一輛玩具警車，並在他的胸前別上了一枚徽章。在宣誓成為員警後，男孩參與了一天的巡邏工作，完成一生的心願。

　　花蓮業餘畫家楊春枝，膝下無子，罹患肺癌，雖然化療期間，身體十分虛弱，仍不斷創作，醫院特別在楊春枝生前的母親節前夕，為她辦畫展替她圓夢。曾有人在臉書社團「爆廢公社」發文，指朋友罹患腦癌第 4 期，突然瘋狂想吃某公司生產的某泡麵，網友大動員四處搜尋，都無法購買到這款已斷貨的產品，在眾人一籌莫展時，意外傳來有人聯繫上該公司董事長，董事長獲知此事，特別交代廠方加開一條產線，直接做一箱給該名患者。臺中一位 8 歲的女童，罹患淋巴癌，她最大的夢想就是看場電影、出國走走，由於身體狀況無法出國，醫院特地安排她看場電影，幫她圓夢……。人情味第一的臺灣，偶而會有為癌症病患圓夢的故事，每個故事都有濃濃的溫馨與關懷，遺憾的是故事最後都是 Game over！

　　T 教官生財有道，祖先留下大筆土地，加上投資房地產、股票、基金等賺了不少，財產上億。長女在大型醫學中心當小兒科主任，次女是公教人員，生活寬裕，是不少官校同學羨慕的對象。

　　T 教官長女十分關注父親的健康狀況，每三個月都會為父親安排到醫院，做一次詳細的健康檢查，奇怪的是，雖然固定做健康檢查，每次都 OK，但在某次檢查時，竟然發現 T 教官罹患膽管癌。

　　T 教官罹患膽管癌後，展開一系列治療──開刀割除腫瘤、放射線治療、化療等，情況始終沒好轉。他的長女從醫學雜誌獲知有種新開發的實驗藥，一個療程必須注射四劑，每劑價格高達 80 萬元，且必須付清四劑的費用，才能開始治療。他女兒與相關單位洽談，知道臺灣只有 7、8 個病患接受治療，其中有 1、2 個病患病情改善，其餘都在追蹤觀察。雖然新藥還在實驗中，且藥效不明顯，價格又貴到不行，但 T 教官家「只要錢能解決的事，都不是問題」，家人決定嘗試。

　　由於費用十分昂貴，院方非常重視此次試驗，注射實驗藥劑前，詳細檢查評估 T 教官身體狀況後，建議等身體調養較好時再進行注射。

　　T 教官的軍校好友 C 教官和我們談到這事，大家都認為實驗藥可能殺傷力極強，才需要調養身體，有人甚至認為這種實驗藥根本就是毒藥。

　　由於 T 教官病況愈來愈嚴重，根本無法慢慢調養，過了幾天就注射第一劑，注射的隔天，T 教官全身出現許多大小約 10 元硬幣的黑斑，家人高興地以為藥劑發揮作用，排出身體毒素。令人想不到的是，過了不到一星期，第二劑還沒注射，T 教官就去世了。320 萬像打水漂般，激起一絲漣漪，就無影無蹤。

　　C 教官有次去探視 T 教官，T 說好想吃豆腐乳配稀飯，但

醫生不准，家人也不同意他吃，拜託 C 幫個忙，讓他過過癮。
由於 T 教官家人再三囑咐，絕對不能給 T 亂吃東西，看著好友
的期盼眼神，C 教官還是硬著心腸拒絕。不久後，T 教官去世，
C 教官對我們說：「吃也死；不吃也死，早知如此，當初就讓
他吃！」

忘了我是誰──失智症

1994 年 11 月 5 日，前美國總統雷根（Ronald Wilson Reagan）宣布自己得到阿茲海默症（失智症的一種）後，從此黯然退下炫麗的生命舞臺，其後 10 年，雷根逐漸喪失記憶，並且出現語言和情緒上的障礙，當病情愈來愈嚴重時，洗澡、吃東西、上廁所等生活起居都靠夫人南西長期的照顧。雷根的生命最後階段幾乎臥病在床，無法走動或說話，也無法自行進食，完全靠家人的支撐，最終於 2004 年 6 月 5 日走完人生旅程。

諾貝爾物理學獎得主、有「光纖之父」之稱的前香港中文大學校長高錕，2003 年罹患失智症，之前幾年，他常忘東忘西，出門前總是找不到鑰匙、錢包。高錕的夫人黃美芸指出，當時全家人都認為高錕是老迷糊，這些應該都是正常老化與健忘，直到失智症狀愈來愈嚴重，陪夫婿就醫才發現失智症，但已經太晚了。

黃美芸無法相信先生罹患失智症，內心充滿憤怒與難過，儘管先生身體健康，人就在身邊，但她感到另一半的靈魂不見了，就像是陌生人。眼看著自己心愛的人，從一個天資聰穎、敏銳機智的全球知名科技教授，變成失智症患者，剛剛才說過，轉個身馬上就忘記，實在心痛。2018 年 9 月 23 日上午 11 時，高錕在香港沙田白普理寧養中心過世。

　　失智症會發生在任何人身上，但大部分好發於 65 歲以上的老人，且女性多於男性。某國立高職有位英文老師，年僅 40 多歲就罹患早發性失智症，由於她不知道自己罹患失智症，每天照常到校上班，因經常有學生到教務處報告，該位老師沒來上課，且次數愈來愈頻繁，校方感覺不對勁，通知她先生帶她去醫院檢查，才發現罹患早發性失智症。

　　學校以專案方式呈報教育廳，讓女老師提早退休，退休後，女老師病況快速惡化，併發妄想、幻覺，及情緒激躁不安等精神行為症狀。先生帶她到附近公園散步，看見外籍看護與先生打招呼，就懷疑先生與外籍看護「有一腿」，有時會大聲尖叫說家裡有一群很大的老鼠；有時還會拿東西四處亂打……先生在照顧過程中承受極大壓力，最後，實在受不了，只好送進安養院。

　　有次，我去探視這位女老師，知道她已失智，我一去就告訴她：「我是某某某，我們是同事」，她再三看著我然後說：「你怎麼長得不一樣了？」，接下來的談話就是「雞同鴨講」。女老師的情況就如 60 年代流行的一首民歌「忘了我是誰」。

　　前行政院長江宜樺的父親、名精神科醫師江漢光的雙親、名律師陳長文母親、名導演李烈的外婆、名導演葉天倫的外婆、演藝圈中郎祖筠的父親、譚艾珍的爸爸、Ella 的祖母、侯怡君的雙親、名作家褚士瑩的外婆、兩性專家吳娟瑜的母親、前新聞主播李艷秋的媽媽、知名牧師寇紹恩的母親、知名失智症醫師周希誠的爸爸……都是失智症病患，臺灣許多名人、藝人為了照顧失智長輩，付出許多心力，但絕大多數還是敗給失智症。

　　國際失智症協會指出，全球失智症患者快速增加中，平均3秒鐘就有1人罹病。臺灣失智症協會理事長賴德仁表示，2020年臺灣失智人口已超過29萬人，民國130年前平均每年增加1.7萬人，將造成家庭、社會巨大衝擊。內政部推估未來45年將以平均每天35人的速度增加，每40分鐘就有1人罹患失智症，超過30萬個家庭會面臨沉重的失智家屬照護問題。

　　根據哈佛大學的研究，65到75歲的老人有5%得到失智症；75到80歲則增至20%；而85歲以上，就有50%得到失智症，失智症是人類老化難以避免的疾病，患者在經診斷後的平均餘命約是5-8年，漫長的照護過程，絕對讓病患家屬及政府相關部門頭痛，我們準備好了嗎？！

搭郵輪去吧！

　　衛福部公布的「2019 年國人十大死因排行榜」，癌症（惡性腫瘤）位居榜首，蟬連 38 年國人死因的第一名。2019 年癌症奪走了全臺 5 萬 232 條人命，平均每 10 分 27 秒就有人因癌症而死亡，實在令人怵目驚心。

　　前副總統蕭萬長、公益大使孫越、名歌星鳳飛飛、前立委陳文茜都是肺腺癌患者，美國廣播公司（ABC）知名主播彼得詹寧斯、華特迪士尼罹患肺癌，港星梅艷芳得子宮頸癌，全球知名三大男高音之一的帕華洛帝、蘋果電腦創始人賈伯斯、「時尚老佛爺」卡爾拉格斐，被病魔折磨遠赴瑞士安樂死的體育主播傅達仁，都是胰臟癌，近代武俠小說宗師金庸、大陸著名民

運人士劉曉波、立委高金素梅、香港明星沈殿霞都是肝癌；宋
楚瑜夫人陳萬水、知名導演楊德昌、劇場鬼才李國修罹患大腸
癌，其他還有一堆「族繁不及備載」的知名人士罹患各種癌症。
根據衛福部國民健康署於 109 年 12 月 29 日公布的 107 年癌症
登記報告，共有 11 萬 6131 人罹癌，平均每 4 分 31 秒 1 人罹癌。
國健署表示，因人口老化快速及不健康生活型態，癌症發生人
數預計仍將持續上升。超過 11 萬的罹癌人士，有的已「兵敗鬼
門關」；有的仍然繼續奮戰中⋯⋯。

　　衛福部國民健康署癌症防治組表示，癌症並非不治之症，
近年來醫療技術進步，癌症已成為慢性病。從全球各地接受正
規醫療的癌症病人臨床數據得知，癌症的治癒率和存活率已不
斷的提高。根據 101 年癌症登記資料庫顯示，癌症個案未在診
斷後 3 個月內接受治療者，一年之內死亡率高達 53%，是及時
就醫死亡率 17% 的 3 倍。

　　衛福部國民健康署強力呼籲民眾，不要因聽信偏方或民俗
療法而錯失治療時機。雖然國民健康署癌症防治組告訴大家，
罹癌並不可怕，但 38 年高居國人死因第一名的癌症，依然讓許
多人聞之色變。

　　網路上有一則關於美國南佛羅里達大學健康科學研究中心
首席調查員戴維・威斯里的火爆訊息，內容大致如下：戴維・
威斯里大學時期兩個最要好的老同學，都得了非常嚴重的疾
病，老同學韋德罹患嚴重的冠心病，妻子也被確診晚期乳腺癌，
當時醫生說他們夫妻都只有 3 個月的生命了。韋德夫婦生命進
入最後一個月時，他們決定搭郵輪周遊世界。過了一年多，戴

維‧威斯里接到從英國打來的越洋電話，他認為應該已死亡的韋德夫婦竟然還活著。

　　另一個網路上罹患肺癌晚期奇蹟存活的是英國奧爾德姆自治市（Oldham）莉薩‧拉塞爾，她於 2009 年被診斷患有小細胞肺癌晚期。醫生告訴莉薩，小細胞肺癌晚期致死率達 94%，她當時的情況，已經來不及手術治療，只能化療，醫生推斷她只有 18 個月壽命。得知消息後，莉薩決定用全部積蓄與家人快樂旅行，以便給兩個女兒留下珍貴記憶。出乎意料的是，確診三年後，一次活組織檢查後，醫生告訴莉薩，她體內的腫瘤竟然消失了。

　　有三個朋友相繼罹患乳癌，三人都接受開刀手術，成為「少奶奶俱樂部」成員。其中 C 女罹癌後，自怨自艾，心情鬱卒，雖繼續追蹤治療，但自我關閉不與朋友交往，大約 3 年後，乳癌復發，不久去世。另位朋友 F 女，靠幫人補習買了 7 幢房子，是名符其實的補習大王，開刀後，病況稍微好轉，就迫不及待開始為學生補習，冰箱內塞滿宴會後帶回家的食物，節省到不行，不到一年乳癌復發，四處打聽秘方、草藥，沒多久就一命嗚呼。另外有位 S 女，原來十分拘謹、個性內向，開刀後，彷彿變了一個人似地，每天到健身房鍛鍊，到地球村學英語，經常揪伴爬山、出國，過去不善交際的她，如今每天嘻嘻哈哈、四處「唬爛」，是「練肖話」一族，乳癌手術至今已十幾年，「三八阿花」依然笑傲人間！

　　有一種說法——多數癌症可預期存活時間，可以讓病人事先做好規劃，算是比較有人性的疾病。話雖如此，患癌症畢竟

快樂不起來，但也不能因此坐困愁城、坐以待斃，更不能終日病懨懨，把自己變為職業病人；把醫院當成自己的家，把自家當成病房，每個家人都得看自己的臉色，做自己的看護，變成家人避之惟恐不及的「奧病人」。

我有個在銀行工作的朋友，罹患癌症，經過治療後，情況好轉。我曾經勸她：「搭郵輪去吧！」哪知工作第一的她，竟然又重返工作崗位，由於身為理專，工作壓力沉重，癌症復發，如今還在與死神拔河。

罹患癌症應該治療，但過度依賴醫生與藥物，就值得商榷，癌症病人最好把持「求人也要求己」的心態，經過必要的治療，如果身體條件可以，經濟上能夠承受，帶著醫生的囑咐、必備的藥物、親友的祝福……，勇敢地「向前行」！

「在一個地方待久了，就會以為那裡是世界的中心」，臺灣知名畫家、作家蔣勳說：「在同一個地方待久了，人就需要出走」。癌症朋友不妨換個觀念、換個心情、換個生活方式、換個地方，一路玩下去！

白髮風雨上醫院──等到地老天荒

　　臺灣各大型醫療院所最經常見到的場景就是──各科門診外一大堆的病人在枯等叫號。國人迷信大醫院、名醫師，無論大小疾病都喜歡往大醫院鑽，由於過多病人就醫，大醫院人潮洶湧，簡直比菜市場還熱鬧。也因此衍生出令人詬病的「三長兩短」──掛號排隊時間長、等候看病時間長、領藥檢查時間長、看病問診時間短、解釋病情時間短。

　　有個關於醫院的笑話──有些病人是被嚇死的；有些是「等」死的，剩下的才是病死的。民國 109 年 11 月 27 日，內人右肩韌帶破裂開刀，醫院通知我們提前一天住院，本以為要做各項檢查，結果只有驗血、做心電圖，就沒事了。27 日清晨五點，護理師叫醒內人，做完量血壓、血糖等基本檢查，就要我們等候開刀通知，我陪內人乖乖在病房等候，甚至連下樓買便當都緊張兮兮。下午一點半，總算接到通知，醫護人員將內人推進手術室，結束第一階段的等候。接著而來的手術、手術後恢復、等候醫生診療……又是一次次痴痴地等。

　　好友 G 是退伍軍人，人說「六六大順」，他卻是 66 不順，66 歲那年，G 君胃潰瘍、骨刺、白內障、呼吸中止……大小毛病不斷，多次進出醫院，前後住院 3 次共 10 天，原先「急驚風」的個性，碰到無數的漫長等待，完全被醫院磨平。他說：如今

到醫院看病，少則一個上午，多則要搞到下午 4、5 點，他已習慣帶著水壺、書刊、手機，像一大堆的老病患般，利用漫長等候時間滑手機、看雜誌、四處閒逛……。雖然嘴巴說無所謂，但 G 的語氣中卻帶著幾許無奈。

朋友 S 女士膝關節出狀況，上下樓梯膝關節喀喀作響，痠痛不已。輾轉打聽到一位著名的骨科醫師，上網掛號竟然要等幾個月，S 女士等啊等，等了兩個多月，實在痛到受不了，最後不得已換了另一個醫師就診，開刀後，情況好轉，S 女士說「千金難買早知道」，為了等候名醫治療，白白受苦 7、80 天。

因為迫切想知道病情，等候時間過久自然會讓病人心情煩躁、滿腹怨言，好不容易等到醫生看診，也許掛號等候的病人太多，醫生看病問診、說明病情時間大都只有短短幾分鐘，有時病人甚至會覺得醫生根本沒聽完他訴說病情，就被請出診間，如此醫病關係，叫病人怎麼不生氣？！

雖說臺灣的看病流程已經快步走向智慧化，在雲端、大數據、物聯網及人工智慧等科技協助下，醫療 4.0 時代正式來臨。但對醫院最大宗的高齡病患而言，推廣 e 化到醫護各層面的「一指通」還是難啊！

機場的貴賓候機室有音樂、咖啡、茶、美味的餐點、書刊雜誌、電視等；高鐵車站的候車室有星巴克、便利商店、特產店等，讓顧客不致枯等。如果醫院能貼心改變設計，統一規劃人性化的空間，讓候診室像高鐵候車室、機場貴賓室般，病患可安心在候診室聽聽音樂、喝喝咖啡……透過電腦知道自己的看診時間，豈不是一大功德？！

一人病，難道全家都要病嗎？！

　　2000 年 1 月醫師診斷確定母親罹患腦癌末期，我們兄弟姊妹萬般不捨，千方百計想挽回母親的生命，這場與死神的搏鬥，最終的結果可想而知，我們鎩羽而歸，2001 年 9 月母親往生。主治醫師告訴我們：「你們母親的生命本來只有 6 個月，卻多延長了 1 年 2 個月！」當時以為醫師是稱讚我們的孝心，母親往生後，偶而讀到一篇有關「愚孝」的文章，內心出現一個問號──難道我們錯了嗎？

　　母親因癌細胞影響運動中樞，罹病次年 5 月無法行動，她躺在客廳的臨時病床上，我發現母親經常以奇怪的眼神看著廚房，我百思不解，直到看到一篇文章後才恍然大悟──母親那一代，多數女性唯一能掌控的地方是廚房，失去廚房就像抽掉她們生命最重要的部份……，不能進廚房是她們無法忍受的痛！

　　確定母親罹癌後，我們將母親轉到高雄長庚醫院，透過關係找到治療腦癌的名醫動手術，2000 年 1 月 18 日早晨 8 點，大弟媳陪著母親進了開刀房，大哥、我、大妹、大弟守在手術室外，二妹在家中陪著父親，小妹到行天宮為母親祈福，其他家人則利用上班的空閒時間，為母親唸頌經咒祈福。連沒有宗教信仰的父親都雙手合十，坐在客廳沙發上，嘴裡喃喃唸著佛

號，為在醫院的老伴祈求佛菩薩的保祐。

　　一分鐘、兩分鐘、一小時、兩小時……，時間一分一秒的過去，我第一次感覺到原來時間是那麼的漫長……。我們焦慮地關注手術房的動態，等待，對每一個手術房外的家人來說，真是一種煎熬啊。

　　下午兩點，大哥打電話回家報平安：「母親手術進行順利，已經轉到加護病房了。」軍人出生，不輕易落淚的父親，接到電話後竟然哭了，平日不善言語的老爸，用真性情表達出對母親的真愛！

　　當母親被推進加護病房時，家人隔著玻璃在外面興奮的叫著母親，雖然，母親不見得聽得到，「但是你知道嗎，看到媽剛出手術房，全身插滿管子的虛弱樣子，卻還撐著對外面的我們微笑時，那種感覺……你知道嗎？」大妹哽咽的說。

　　當年醫界為「是否告知癌末病人真實病情」還爭論不休，家人討論結果認為母親可能無法接受罹癌，決定不告訴母親。母親開刀後，必須做放射線治療，為了不讓她知道自己罹患不治的腦癌，能保有較快樂的心態，每次做放療，我們都要繞路避開放射線治療的標示牌。其後，我們得知高雄澄清湖畔有個另類治療的團體，宣稱對各種癌症都有極大療效，愛母心切，我們排除萬難，每周固定報到一天。

　　我們兄弟姊妹遵照專業醫生的建議治療母親，如想進行其他的治療，都會徵詢醫師的看法，第一階段放療後，我們從中央電視國際頻道得知瀋陽有個治療腦癌的專家，我們與主治醫師商量，他同意我們到瀋陽試試（事後我們才發覺醫師大概認

為反正是不治之症，隨我們嘗試，根本不拒絕。），經過一波三折，2000 年 6 月 4 日，我與大妹夫陪母親到大陸，先到母親老家淮安探親，讓母親了卻一些未完心願，隨後前往瀋陽就醫。

除服用瀋陽中醫開出的藥方，母親又進行第二階段的放療，但狀況都沒好轉，眼看母親體力一天天衰退、食量一天天減少、藥物一天天增加、痛苦一天天加劇……，我們原本堅決反對化療，但聽說有種新藥問世，雖然價格昂貴，但因副作用小，我們與醫師商議後，決定嘗試，半年 6 個療程後，母親病況還是每下愈況。

照顧母親一年多，陪著她進開刀房、放療、氣功療法、化療，嘉義、高雄甚至瀋陽四處奔波，縱然萬般不捨，我們也愛莫能助、一籌莫展。心力交瘁之下，我罹患胃潰瘍，體重減輕十公斤，心情也受到影響，經常愁眉不展。甚至上課時會出現不知所云的情況，到醫院檢查結果是小腦萎縮（母親過世後，壓力減輕，竟不藥而癒）。

我們無法分擔病人的痛、苦；世界不會因為任何人生病而停止運轉，雖然無需「馬照跑、舞照跳」，但沒病的家人還是要維持正常生活。

母親生病，我們家族陪著她，5 百多個日子，幾乎也像病人一般，母親困在醫院、病床，我們陪著她待在家裡、醫院，直到母親去世。從罹癌到逝世，陪伴的家人也元氣大傷。事後，我一再思考：母親忍心看她最心愛的家人受如此折磨嗎？我們怎能增加母親承受病痛折磨的日子？

生命有起有落，每個人終將面對死神的召喚，每個人也都

將化為塵土，當死神傳來訊息──韓愈的髮蒼蒼視茫茫是警訊；蔣經國總統的糖尿病是警訊；林清江的腦癌是警訊；孫運璿院長的中風、章孝慈的高血壓……無一不是死神的通知書，接到通知，我們就該做好準備，面對死亡！

近年來，有機會應邀演講，我就會大力宣傳「生命末期原則：痛苦少、遺憾少」、「一人病，不能全家病」的看法，雖然有不少人認同我的看法，但也有人認為我天馬行空。誰能告訴我，究竟我是對還是錯？！

道是無情卻有情——老老照顧

　　「不能同年同月同日生，但願同年同月同日死」、「白頭偕老」、「執子之手，與子偕老」、「任憑海枯石爛，此情不渝」⋯⋯這些浪漫的文辭，讓世間多少男女為愛痴狂、為情痴迷，人們追求「梁山伯、祝英台」、「羅密歐、茱麗葉」轟轟烈烈的愛情；人們期盼像公主與王子般過著幸福美滿的生活。

　　直到有一天，另一半病了、倒了，彩色的日子，一夕之間變成黑白！「陪你一起老」本是一件最浪漫的事，但如果變老之後，面對的是另一半失智、失能，任何人都無法浪漫起來。

　　根據衛福部 2017 年老人狀況調查，全臺 65 歲以上的長者中，有 34.47% 人的主要照顧者超過 65 歲。若以照顧者身分區分，「配偶或同居人」的老老照顧高達 89.51%，共計 17 萬 4686 人。

　　年輕人高比率的「北漂」及前往大城市工作是無法與長輩同住的主因，其次則是子女結婚後，女方擔心無法處理婆媳關係，大多選擇「自立門戶」，「老老照顧」的情形幾乎已成為家庭常態，許多三、四、五年級生都認為自己將是第一代被棄養的對象。

　　衛福部 2017 年老人狀況調查顯示，65 歲以上的主要照顧者，平均每天照顧的花費時間高達 14.16 小時，無人輪替幫忙

照顧的人比例達 49.22%，長時間的照顧工作，讓主要照顧者疲累不堪，壓力愈來愈沉重，加上必須長期陪伴被照顧者，導致社交空間幾乎只剩家庭、醫院，連喘息的空間都沒有。不知盡頭在何處的煎熬下，「情到深處無怨尤」似乎變成天方夜譚，「讀你千遍也不厭倦」，很快就成為「毒你千遍也不厭倦」！

　　友人 M 夫妻先生 70 歲、太太 65 歲，先生脊椎骨刺開刀，由於先生睡眠品質不好，擔心住雙人房、三人房會受其他病人影響，無法安眠，想盡辦法要住單人病房，但醫院病房十分緊張，根本等不到單人房，勉強住進二人房。開刀後第一晚，隔床的病人整晚不斷地哀哀叫，搞得他一夜未睡，第二天，隔床的病人大概叫累了，一早就鼾聲大作呼呼大睡。稍有聲響就睡不著的 M 先生也沒法入睡，病房的簡易床，非常不舒服，陪伴的太太也好不到哪，輾轉難眠，兩個人都累到不行。住院第二天，M 太太與先生商量後，決定花錢請看護照顧，免得病人倒，照顧的人也倒，更麻煩。這種看似無情的做法，其實才是有情！

　　另有個朋友 Q 生病住院，為了節省病房費，選擇住健保給付的 3 人房，同房病人的呻吟、呼天喊地的叫痛，陸續來探病的人，不同時段的護理……除了晚上，病房盡是來來去去的人，讓他夫妻兩人苦不堪言，硬撐了幾天，實在受不了，只好掏錢改住單人房，換來安寧。日後 Q 碰到朋友就大吐苦水，勸人「別吃後悔藥」。

　　根據國發會統計，臺灣超高齡社會（65 歲以上老年人口占比超過 20%）將於 2025 年到來，隨著醫療科技的進步，國人愈來愈長壽，幾乎家家戶戶都有需要照顧的高齡長輩，有自主能

力的長者還好處理，如久病在床或失能，家屬就得面臨長期照顧的重擔，最怕的是老老照顧，自己已是泥菩薩過江，還得學會幫被照顧者翻身、餵食、洗澡、傷口處理等，「叫天天不應、呼地地不靈」的無助、無奈，豈是一個慘字可形容！

比照顧老伴更辛苦的是 5、60 歲老人照顧 8、90 歲的父母親，朋友 C 上有哥哥、下有弟弟，兄弟和她三人都是博士，個個成就非凡。C 的父親是銀行高階經理，80 多歲時中風，臥病近十年，定居美國的兩個傑出兒子，在父親生病初期，偶而會返臺探望，大約 2 年後，就不見蹤影，小兒子還會偶而匯點錢，長子根本不聞不問，照顧工作由 C 一肩擔起。

C 的父親在 90 多歲去世，C 本以為可喘口氣，不料母親又接著重病，這回小弟也不見了。C 雖然月收入十餘萬，只能勉強支付醫療費用及看護……的錢，大學教授退休後，還得到私立大學兼課，除了沉重的財力負擔，精神壓力更是難以承受，C 的母親也是拖了近十年才去世。C 在母親去世後的一次同學聚會慨歎地說：父母親臥病的二十多年，她根本沒有生活可言。

近年來，長期照顧者終結被照顧者生命，自己再自殺輕生的案例持續出現，如此「同年同月同日死」的悲劇，何時才能終止？！

醫生不是上帝

　　世界衛生組織報告顯示，全球的病人，約有四分之一死於醫療性事故；四分之一是被藥害死的；還有四分之一是過度醫療治死的。中國工程院院士、美國醫學科學院院士，第四軍醫大學——前校長樊代明說：「三分之一的病不治也好，三分之一的病治也不好，只有最後三分之一才是治好的。」

　　從過去的大學聯考到現在的學科能力測驗（學測）、指定科目考試（指考），醫學系始終是最熱門的科系。民國 60 年代，我的母校省立嘉義高中每年大學聯考都有人考進臺大醫科，是著名的醫生搖籃。當時傳說，只要考上臺大醫科，馬上就有人帶著家中閨女、鈔票、豪宅上門說親，不管事實真假如何，至少可見當年社會對醫生的推崇。

　　智商高、收入高、社經地位高……，高居金字塔頂端，醫生自然成為社會的寵兒，很少有人敢挑戰醫生的專業，因此，往往讓許多人忘了醫生也是一個人，他或許比一般人聰明、有能力，但並非無所不能，醫生不是一個神。中華民國第 23 屆醫療奉獻獎得主、前羅東聖母醫院院長陳永興說：「學醫者必須謙卑，在病人面前、在生命面前、在死亡面前、在神面前謙卑，這是我面對親人死亡學到的體驗，也是父親用生命和死亡，教他醫師兒子謙卑的道理！」。

　　早期穴居社會，染上風寒、被野獸咬傷、吃壞肚子、發高燒……無論大小疾病，大多就是死路一條；其後，麻瘋病、麻疹、天花、霍亂、傷寒、肺結核、瘧疾、梅毒也是沒藥醫，讓不少人嚇破膽，隨著醫學科技進步，這些疾病已迎刃而解。但《莊子・天地》說得好：「大惑者終生不解」，無論醫學多進步，醫術多高明，世界上還是有許許多多疾病，至今無法解決。空難、重大車禍、意外落水、登山墜崖、船難……這些突發性的危急狀況，醫學和醫生也幫不上忙。最近的例子就是 2019 年的冠狀病毒（COVID-19），最初的病毒加上傳染力更強的變種病毒，在全球肆虐，至 2021 年 1 月 7 日止，全世界有 88024045 人感染、1898349 人死亡，全世界最頂尖的醫生、實驗室卯足全力研發疫苗，但仍然擋不住小小病毒。號稱最先進的美國，確診人數超過 2 千 1 百萬人，死亡人數超過 36 萬。在人類歷史上，病毒與人類的爭鬥永不止息。

　　醫學不發達的年代，往往生了病就一命嗚呼，把醫生當成救命恩人是理所當然的事，進入 21 世紀，隨著科學技術不斷地發展，醫學取得長足的進步，成為完善和精細的自然學科。然而人體非常複雜精細，還有部分疾病至今無法完全找到病因，也很難治癒。如今，人們看待醫生應該像看專業技術人士一樣，醫療過程不只是醫院、醫生的事情，患者自身的健康素養，自我管理的能力，以及對相關醫學知識的了解，往往更加重要。

　　醫生不是上帝；醫生也是人，當然免不了會生病，甭說小病了，罹患癌症的知名醫生不在少數。「我是定期自我檢查而發現乳癌的患者」2007 年 5 月國際護士節後，臺東基督教

醫院家庭醫學科醫師暨優活健檢中心主任陳淑娟自我檢查時發現右側乳房異常，進一步檢查確診為癌症第三期併九顆淋巴轉移。經治療獲得控制，持續追蹤五年，在進行第五次回診時，發現左側乳房也有癌細胞，並確診為第一期。主治醫師叮嚀這回要追蹤十年。2018 年 12 月，健康檢查時，發現罹患子宮內膜癌第一期，正接受治療中。

2012 年 3 月，因為陪太太健康檢查，中國醫藥大學附設醫院消化醫學中心院長林肇堂，陪其妻健康檢查，「順便」進行胸部低劑量電腦斷層檢查，結果太太健康無事，他卻檢查出惡性胸腺癌。家醫科醫師，同時也是心臟內科名醫的陳衛華，32 歲起，在 15 年內陸續罹患骨癌、腎臟癌、甲狀腺癌，47 歲再接受甲狀腺癌的腫瘤手術，但陳衛華一直沒料到第四個癌症血癌如影隨形，緊跟在第三個後面，潛伏在他的身體裡。

朋友 L 醫生，兩個兒子也是醫生，L 醫生的太太罹患肺腺癌，父子三人雖然都是醫生，但也許是太了解醫藥的副作用、後遺症，不願介入醫療，只能陪著乾著急，眼睜睜看著 L 太太走向生命終點。

臺北市長柯文哲說出行醫三十年後領悟的感觸：「醫師其實只是生命花園的園丁。園丁不能改變春夏秋冬，只是讓花草在四季之間開得燦爛一些。同樣的，醫師也無法改變生老病死，只是讓人在生老病死之間活得快樂一些、舒服一些而已。」

17 世紀時英國人相信上帝賜給醫生醫治的能力，現在已是 21 世紀，你還相信醫生是上帝嗎？！

看開、放下！多難啊！

　　不少高僧大德、仙人道長、諸山長老、牧師神父、修士修女、會督執事、教長阿訇……勸大家凡事要看開、放下。如果世間事真能輕鬆看開、放下，歷史上就不會有項羽、劉邦的楚漢相爭；就沒有十字軍東征；就沒有南北戰爭、百年宗教戰爭、鴉片戰爭、兩次世界大戰、國共戰爭、以阿戰爭、韓戰、越戰……沒有網球天王費德勒、籃球大帝喬登、足球球王比利、拳王阿里；沒有愛迪生、牛頓、柏拉圖、愛因斯坦及諾貝爾獎得主居禮夫人、楊振寧、李政道、蕭伯納、泰格爾、賽珍珠、莫言……；也沒有希特勒、毛澤東、格達費、阿敏……。沒有這些精采的人與事；沒有激烈的比賽、競爭，每個人都看開了、放下了，世界也許就停滯不前，從彩色變成黑白了！

　　清乾隆帝下江南，見到江中舟來船往，絡繹不絕，問身旁的紀曉嵐：「船上裝了什麼？」，紀曉嵐答道：「只有名和利罷了！」。史學大家司馬遷在《史記・貨殖列傳》寫道：「天下熙熙，皆為利來；天下壤壤，皆為利往。」如果名、利不迷人、不可愛，為何千古以來，人們前仆後繼、爭先恐後的爭名奪利？

　　世界上無處不爭，爭名爭利，爭權爭勢，看表演爭好位置、拍照爭最佳取景點、新春到廟宇爭頭香、考試爭好成績、宗教

爭信徒、藝術作品爭價格、墓地要爭好風水；上太空探險要爭、兩國打仗要爭、球賽要爭……地球資源有限，人口那麼多，如果不爭，只能喝西北風。

在中國歷史上，皇位爭奪從來沒有休止過，改朝換代當然得有一番激戰，親密戰友反目成仇也不在少數——王莽篡位、曹操「挾天子以令天下」、趙匡胤「黃袍加身」奪了後周的江山，袁世凱搞出來的溥儀遜位等都是如此。

歷史總是要比人們想像得複雜，皇位和權力的誘惑力，更是超出了人們的想像，也難怪自家人為爭皇位打成一團，父子、母子、叔姪、兄弟之間爭奪皇位的不勝枚舉。

胡亥幹掉扶蘇、楊廣弒父兄楊堅、楊勇、李世民殺長兄李建成、四弟齊王李元吉，為了爭奪皇位，費盡心機，對自己的親人都可以大開殺戒。可見「朕即天下」、「普天之下，莫非王土；率土之濱，莫非王臣」，帶來多大的利益。

中國歷朝歷代為了爭奪皇位，殺得天昏地暗，歐洲王室也不遑多讓，11 世紀末 12 世紀初，神聖羅馬帝國皇帝亨里希四世（Heinrich IV，1056～1105 年在位）的兩個兒子相繼在被加冕為王後，竟然相繼跟皇帝老爸作對，長子康拉德與教宗結盟反叛失敗，被拔掉皇冠，亨里希四世將王位給次子亨里希五世，還是照樣反叛。

西班牙哈布斯堡王朝絕嗣，王位空缺，法國的波旁王朝與奧地利哈布斯堡王朝為爭奪西班牙王位，引發歐洲大部分國家參與的西班牙王位繼承戰爭（1701～1714 年）。奧地利哈布斯堡王朝男嗣斷絕，歐洲兩大陣營為爭奪奧地利君主的頭銜，引

發長達 8 年的奧地利王位繼承戰爭（1740～1748 年）。

　　中世紀歐洲的皇位爭奪戰，勾心鬥角、詭譎變化、陰狠毒辣……絲毫不輸給中國！

　　一般百姓和爭奪天下沾不上邊，爭權奪利就不然，每個人都有機會。「有錢能使鬼推磨」、「有錢的王八大三輩」、「無錢說話如放屁，有錢說話屁也香」等俗話讓人不愛錢也難。

　　「殺頭生意有人做」、「人為財死」、「人無橫財不富」，正正當當賺錢無可厚非，但利字當頭，就像「凡人歌」歌詞「道義放兩旁 把利字擺中間」一般，總是有人「愛財不以其道」大賺黑心錢。有的不肖公務員上下其手、貪汙受賄；有的黑道大哥綁架勒索；有人設局詐賭；有人走私槍火、販售毒品、假貨；有人製作黑心食品、無所不用其極的詐騙集團……甚至連新冠肺炎肆虐，都有不法商人販賣不合格口罩，大發國難財。

　　不少政治人物，面對官位時，往往高談「不忮不求」，其實「司馬昭之心──路人皆知」。大家都知道「上臺靠機會，下臺靠智慧」，但真正做到的有幾人？！美國前總統川普連任失敗，始終不承認敗選，貴為總統卻連連使出怪招、惡招，搞得號稱民主模範的美國顏面無光。

　　政治人物爭名奪利也就算了，縱使德高望重的宗教人士，教內、教外的爭名奪利一樣暗潮洶湧，教派分裂、弟子出走屢見不鮮。佛陀涅槃一百年左右，佛教僧團發生分裂，分為上座部與大眾部，慢慢演變成今日的南傳佛教與大乘佛教。基督宗教史上出現過 3 次大規模的教派分裂，西元 451 年的基督教第一次大分裂，包括現代東正教、天主教和多數新教教派在內的

「西方教會」和流行於亞美尼亞、埃及、衣索比亞、厄利垂亞、敘利亞等亞非地區的東方正教會意見不和、分道揚鑣。西元 1054 年，第二次分裂，主角是東正教和天主教。16 世紀第 3 次分裂，基督新教從羅馬公教中獨立出來。回教在 7 世紀分裂為遜尼派及什葉派。

　　時至今日，各種宗教現象更是令人眼花撩亂，一大堆的活佛、仁波切；能分身的宋七力、「感恩師父讚嘆師父」的 XX 法師、騙財騙色的神棍、通天通地的仙姑……大家各擁山頭，誰也不服誰！

　　除了放不下名利，我們還有一大串看不開、放不下的事物——割捨不下的父母恩、手足情、子女情、同窗情、老朋友……；放不下的田園土地、汽車洋房、骨董珍玩……；無法處理的身心疾病、人際關係、地球暖化、氣候變遷等。

　　我們都是凡人，自己做不到的事，就別勸人看開、放下，凡事看淡些、放鬆點，日子就會好過一些！

鴕鳥 V.S 老虎

政府開放大陸探親後，一位朋友的父親計畫回廣東老家探親，老人家平常身體蠻硬朗，沒啥大毛病，但子女擔心偏僻的老家醫療不好，萬一有個三長兩短非常麻煩，於是安排老人家到醫院詳細檢查，了解他的身體狀況，檢查結果竟然查出一堆毛病，老人家遵照醫生囑咐住院治療，一段時間後，真的「回老家」了。

某大學教職員羽球隊從嘉義到臺北參加大專盃羽球賽，由於成績不如預期，提前一天結束比賽，一些隊員趁機探親、探友，有位隊員提議去做健康檢查，幾個隊員附和，結伴一起到某知名大醫院健檢，其中一位老師檢查出罹癌，必須立刻住院動手術，平日的運動健將，手術後不久就去世了。

2019 年 9 月 17 日是第一個「世界患者安全日」，世界衛生組織（WHO）在當天發出警告：每年超過 1.38 億患者因醫療失誤而受到傷害，僅在中低收入國家就有 260 萬人因此死亡，患者傷害使全球每年蒙受數萬億美元的損失。WHO 希望通過「世界患者安全日」的宣傳活動，讓所有人更深入了解這個嚴峻的問題。

WHO 表示，每 10 名病人中有 4 名在初級保健和門診保健期間受到傷害。診斷失誤、藥物或非藥物療法處方錯誤、藥物

使用不當是導致患者因醫療失誤而受到傷害的 3 大主要原因。

　　國內外不少科學家認為約有 80% 的癌症病人是被自己「嚇死」的。美國科學研究顯示，人在悲觀、生氣、失望時會分泌一種有害的激素，把這種激素注入老鼠體內，老鼠便會在幾分鐘內死亡。臺灣至少有 80% 以上的人，一聽到自己得了癌症都會恐慌至極，這加劇了有毒激素的分泌，許多癌症病人就這樣被自己「嚇死」了。難怪曾有腫瘤醫生開玩笑的說，得癌症的人，有 1/3 是「嚇死」，1/3 是「餓死」，最後的 1/3 才是因為疾病而離世。其實，除了癌症，還有許多不治之症的患者也是被嚇死、餓死的！

　　擁有哈佛主治醫師背景與營養學專業的許瑞云博士，不動刀、不開藥，看一個病人往往花很長時間尋找病因，有人說他的診間常有奇蹟發生，許多醫院認為無藥可治的病患，經過許瑞云治療，竟然不藥而癒。日本人進藤義晴畢業於大阪大學醫學部，通過國家考試獲得醫師資格後，進入大阪大學醫學部耳鼻喉科研究室工作，隨後，感到西醫的侷限後轉學中醫，後來又發覺中醫也有不足之處，於是開始融合中西醫所長，兼修道家心法，最終領悟到什麼才是疾病產生之源，並發現了讓病人恢復健康的自癒法。

　　有個朋友「神經線很小條」，身體稍有狀況就吃不下、睡不穩，整天疑神疑鬼、擔心受怕，偏偏又喜歡到醫院做各種檢查，只要檢查數據出現紅字，就四處求醫、找朋友訴苦取暖。我常調侃他：有人是老死的；有人是病死的，你的死因是檢查死的！

　　某位頗有名氣的法師認為人與食物一樣，有限定的賞味期，器官自然也有使用期限，過了使用期限，自然會慢慢衰竭，即使治療也無法解決根本問題，因此設定 70 歲以後就不健康檢查，一切順其自然。有人認為這是鴕鳥心態；有人認為總比檢查出狀況，惶恐不安來得好。

　　大家都知道「預防勝於治療」，可是有些疾病非常難預防，就像肆虐全球的新型冠狀病毒（COVID-19）一般，有些疾病即使提早預防檢查，一旦罹患也無藥可治。

　　不檢查就不知道有啥疾病，心情平常、愉快，檢查出疾病，反倒擔心受怕，也許這就是選擇當鴕鳥的理由；面對檢查結果，理性處理疾病，選擇當老虎的人當然有自己的想法，無論選擇當鴕鳥或老虎，究竟孰對孰錯？！

假如醫院像迪士尼樂園

　　迪士尼樂園是許多小朋友夢寐以求的地方，其實不僅小朋友喜歡，不少大人也迷上迪士尼樂園，列為今生一定要去朝聖的地方。2017 年全球主題公園和博物館報告中，迪士尼樂園在全球主題公園集團中排名第一，正如創辦人華特‧迪士尼所說：「我只想讓遊客高高興興地走進樂園，痛痛快快地玩，快快樂樂地離開。因為，樂園就是為他們而建的。」迪士尼樂園帶給大家的是滿滿的歡樂，當然人潮洶湧。

　　與樂園相比，醫院除了帶給懷孕生子的母親及家屬和生病康復的病患一絲喜悅外，多數人到醫院都是愁眉苦臉。人吃五穀雜糧，難免會生病，有病只能乖乖上醫院，因此醫院總是人滿為患。

　　1998 年羅賓‧威廉斯主演的《心靈點滴》是部探討醫病關係的影片，羅賓‧威廉斯扮演的派奇在精神病院認識的富翁亞瑟提供土地下，和一些志同道合者在那裡的舊屋，布置了一所讓醫病之間相互關懷的醫院，吸引了許多病人入住。

　　《心靈點滴》改編自心理治療師派奇‧亞當斯的真實人生經歷，他被認為是第一位小丑醫生。隨後，1986 年紐約市的邁克‧克里斯滕森（Michael Christensen）發起創建「大蘋果小丑醫生團隊」，是全球首度將專業小丑帶入兒童醫療體系的團隊。現在，澳大利亞、紐西蘭、美國、加拿大、以色列、南非、香港、巴西、白俄羅斯、臺灣以及整個歐洲以及印度部分地區，都有小丑醫生的專業組織存在。

　　一群受過專業訓練的陪伴小丑訓練的演員們，化身小丑醫生，用歌聲和遊戲，為患者帶來希望、歡喜等積極的力量，幫助提升患者的情緒。也給醫護人員和家屬帶來了正向的幫助，替他們找回失去的笑容，有了小丑醫生，醫院變得更有人性、溫暖！

　　醫院可以有小丑醫生，當然也可以像迪士尼樂園！迪士尼樂園的「小小世界」，讓遊客坐上小船，繞行歐洲、亞洲、非洲、中南美洲、南太平洋諸島，沿途除欣賞各地美景，還伴隨著小朋友們合唱「小小世界」的純真歌聲，讓每個人都樂而忘返。

　　每當到醫院等候看診，等到心煩氣躁時，就會異想天開，如果醫院採用迪士尼樂園「小小世界」的構想，該是多好的事！病患到醫院不需大排長龍等掛號、等看診，進入醫院先搭上「咖啡杯」或迷你火車，在溫馨歡喜的音樂中展開醫療之旅。

　　醫療之旅第一站是檢查站，抵達後，由醫生或先進儀器檢查身體狀況，再依照病況，分別運送到內科、外科、放射科、骨科、肝膽腸胃科、復健科⋯⋯進行治療。

　　為避免病患長時間等候，檢查後可透過電腦了解病患需要等候的時間，如等候時間較長，由「咖啡杯」或迷你火車運送到休息站，病患可利用候診時間，在休息站喝咖啡、品茗、看電視、看看書刊雜誌、聽音樂⋯⋯也可在休息站周邊的公園散散心。

　　如果醫院的經營者把華特‧迪士尼說過的話改成：「我只想讓病人高高興興地走進醫院，痛痛快快地治療，快快樂樂地離開。因為，醫院就是為他們而建的。」

　　多盼望醫院像歌廳、舞廳、電影院、咖啡店、迪士尼樂園！

沒有溫度的安養院

　　二度到北歐旅遊時，我以十天的時間，利用渡輪、火車、公車、徒步等交通方式，悠閒地在挪威峽灣地區自由行。途中，在小鎮海樂賽爾特（Hellesyllt）偶然碰到一間養老院，這間養老院面對壯闊的蓋倫吉峽灣（Geirangerfjord），景觀絕佳，碧綠的庭園草坪、現代化的建築，大片的玻璃窗……外觀看來蠻好的。

　　經過養老院時，我看到一堆老人或站、或坐輪椅在透明玻璃窗前，看著窗外，覺得蠻奇怪的，於是走近大門，與守衛的門房商量是否可入內參觀。

　　門房冷冰冰地一口回絕：「只有院內住宿者的親友可探視，養老院不讓無關人士參觀。」，碰了一鼻子灰，我只好悻悻然走人。離開養老院時，我回頭向這些老人揮手，再仔細瞧，靠在窗邊的老人，大多面無表情，沒有任何動作，只有兩、三個人揮手回應。

　　挪威的社會福利制度非常完善，但自殺率卻非常高，子女長大就離家獨立，難得返家。曾在奧斯陸一家小酒館與一個老人閒聊，老人說孩子長大離家讀書、工作，就像外人一樣，把照顧老人的責任交給政府，挪威雖有極好的社會福利，但寂寞老人缺乏的不是金錢、物質，最需要親情滋潤。兩千多年前，

孔子說過的「今之孝者，是謂能養，至於犬馬，皆能有養。」
果然有智慧。

　　幾年前，忘年老友 T 校長住進高雄一家養老院，這個養老
院分為兩部分，能自己行動的老人住 A 棟；無法自主行動的住
B 棟。T 校長剛入住時住在 A 棟，我們多次前往探視，雖然老
人們全是「拐杖族」，走起路來搖搖晃晃，但都還能行動。校
長告訴我們：每天除了用餐外，養老院的老人多數時間待在交
誼廳看電視，偶而會到庭院曬曬太陽，很少與他人交談，找不
到人聊天，實在寂寞。

　　每次去探視校長，其他老人看見校長有人來探視，都會不
經意地流露出羨慕的表情，校長也愛帶著我們四處走走「驕傲
驕傲」。也許是太寂寞了，每次我們要離開養老院，校長都捨
不得我們走，堅持要送我們上車，臨走前總是會說：「不知道
下回還能不能見到面？」等傷感的話。

　　2003 年 5 月 7 日金羊網有一則特殊的報導： 居住在北倫敦哈羅區的 89 歲寡婦雷納，身旁沒有一名子女。幾年前，她從街頭收養一隻無家可歸的黑貓，為牠取名汀格爾。黑貓汀格爾與她相依為命，陪她度過人生的最後歲月，給她的心靈帶來巨大安慰。由於擔心自己死後，汀格爾可能又要流落街頭，雷納在遺囑中，將一套價值數十萬英鎊的房產，及市值 10 萬英鎊的信託基金都遺留給黑貓汀格爾。

　　無獨有偶，有時尚界「老佛爺」之稱法國精品香奈兒（Chanel）創意總監卡爾・拉格斐（Karl Lagerfeld）於 2019 年 2 月去世。由於卡爾生前沒有親人，高達 148 億的遺產，除了分配給 7 個繼承人，原計畫將部分遺產留給愛貓 Choupette，由於法國法律不允許，卡爾決定將部分遺產分配給照顧 Choupette 多年的 Francoise Cacote，讓她好好繼續照顧愛貓。

　　晚年孤獨寂寞，中外皆然。嘉義市有位住在公寓大樓的老

太太，雖然有兒有女，但子女對八十多歲的老媽媽幾乎不聞不問。同社區的一位五十多歲男子，幾乎天天都會陪老太太聊天，幫她購買日常用品，需要時還會專程陪老太太到醫院看病，到銀行辦事……。朋友好心提醒老太太別上當受騙，老太太卻說：「子女都不管我的死活，只有這個男的關心我，就是受騙也甘願！」老太太去世，留下遺囑將公寓送給該男子。

　各地榮民醫院是不少老榮民聚集的地方，聽說有些大陸妹專門找單身老榮民搭訕，稍稍認識後，便會想出各種辦法，到老榮民家做 Part time 的照護工作——燒飯、洗衣、打掃環境等，有些老榮民孤單一生，樂得有女人照顧，明知這些大陸妹眼裡只有新臺幣，只要餐餐有熱的飯菜、家裡內外有人整理……，排隊等待大陸妹的人不在少數。

　臺灣邁進老齡化社會，社會型態改變，昔日子女承歡膝下的情況，已是「不可能的任務」，因各項條件無法配合，「在宅安老」也不是短期內可達成的目標。族群日益龐大的銀髮族帶來的最大商機之一就是養老院。近年來，臺灣的養老院、安養中心如雨後春筍般四處林立，姑且不論平價養老院的設施、服務，連一些標榜擁有五星級豪華酒店設備的養老院，都不乏發生照護人員凌虐老人的事件。

　如果沒有人性關懷的溫度，設備再完善的養老院，也吸引不了老年人！

醫病醫心・視病如親

　　臺灣是個口號滿天、標語遍地的地方，無論政府機關、學校團體、商家店舖、公司行號，上下一心使勁喊口號、拚命貼標語。百姓有樣學樣，也跟著喊口號、貼標語——連路邊小販也免不了——「走過、路過、不要錯過！」、「老闆不在家、跳樓大拍賣」。如果沒有了口號、標語，臺灣人的生活必然少掉幾許熱鬧。

　　喊口號最熱最火的當推選舉——「服務不打烊」、「一人當選、全家服務」、「好央甲」、「有夢最美，希望相隨」、「臺灣一定贏」、「我們準備好了」……為了凍蒜，每個候選人卯足全力，使出渾身解數，聲嘶力竭高喊；群眾則猶如吃了迷幻藥般，狂熱應和。選舉場子口號震天價響，標語旗幟滿場飛舞，不明就裡的人還以為進了杜鵑窩！

　　選前「有夢最美」，選舉後，「失望相隨」；選前熱情無比，噓寒問暖，恨不得抱你入懷；選後形同陌路，巴不得離你三里。

　　有病患才有鈔票，醫院才能愈蓋愈大；醫生愈來愈有錢，為抓住病患的心，賺取大把鈔票，醫院的口號更迷人——「來到醫院安心，接受醫療滿意順心，離開醫院放心」、「視人民為父母，待病人如親人」、「病人至上」、「一心一意，大愛

無疆；血脈相通，愛心無限」、「耐心、精心、細心、責任心的敬業精神給予患者溫馨、周到的關懷與照顧」……。其實，就算沒有漂亮的口號、標語，生病也得到醫院求醫，但看了這些標語、口號，我們真的就能安心、放心？！

2020 年 11 月 27 日內人開刀處理右肩韌帶破裂，手術後，我們苦守病房，枯等醫生，由於不巧碰到例假日，始終沒見醫生人影，手術後第 3 天，總算盼來醫生身影，見到醫生，我們猶如久旱逢甘雨般，總算透一口氣。

不敢奢望醫生把病人當親爹、親娘般看待，只要醫生能「醫病醫心」就感激不盡了。在病患及家屬徬徨不已時，盼望的是醫生關心，即使是一丁點的關心，都能安定病患惶恐不安的心。

小時候，我家住的社團新村，附近沒有一家合法醫院或診所，村子的醫療幾乎全靠沒有醫師資格的黑牌醫師——「駝背」。「駝背」醫生住在離我們眷村約十五分鐘步程的溝背，由於大林鎮上的診所距離遠且價格較貴，當年軍人薪水微薄，一切能省則省，大家根本不在意「駝背」醫生沒有醫師執照，是個百分百的密醫，生病大都找「駝背」醫生治療。

「駝背」雖然是個密醫，看起一些小外傷及感冒、瀉肚子、頭痛等小毛病，倒是蠻有一套。也許了解自己的醫術，每逢有較重大的病或不明狀況的病，「駝背」醫生做好簡單處理後，一定建議病患到大醫院看診，小心謹慎的作風，讓他得以平平安安當密醫數十年，不但沒醫死人命，連醫療糾紛都未曾發生。

　　「駝背」醫生問診時除詳細詢問病情外，還會像老朋友般與病患閒話家常，如病患無法親自到診所就醫，駝背醫生還會專程出診。此外，由於當年軍人生活清苦，有時病人手頭太緊，醫療費還可賒賬呢。「駝背」密醫是社團新村的「蜜醫」！

　　同事 W 老師的兒子是醫生，2020 年底澎湖惠民醫院蕭天源院長去世，他在 fb 上 po 文感念蕭院長——蕭院長告訴他：以前的醫生為什麼社會地位高？因為醫生是要救人的，不是要賺錢，以前的人生活窮苦，常常付不出醫療費用，醫生就會讓病人欠著，先治好病再說。所以醫生的地位才會這樣崇高，受人尊敬。行醫志在救人，不要只想著賺錢！

　　和信治癌中心醫院院長黃達夫診斷醫療全面崩壞的病因，是迷失了醫療核心價值，「窮得只剩下錢」。全民健保制度為了節省支出，導致醫療形態扭曲，例如醫生去衝門診量、醫院

以儀器設備競賽吸引病人，創造自費項目以增加收入，造成資源浪費與濫用。

《心靈點滴》電影裡，很多醫生變成賺錢機器，一旦醫生抽離人性關懷，就會成為營利的機器，而醫生如純粹只為了錢忘記當初救人的初心，午夜捫心自問會安心嗎？有鑑於此，成大醫學院創院院長黃崑巖主導，希望建立一個全人醫學教育的醫學院，理念與院訓是：「Before becoming a doctor，become a man」！

視病如親，醫病醫心！醫生們加油！

附　錄

　　世界醫師會日內瓦宣言，2017 年 10 月於美國芝加哥召開第 68 屆世界醫師會大會修訂醫師誓詞──身為醫業一員：我鄭重地保證將奉獻一切為人類服務；病人的健康與福祉將為我的首要顧念；我將會尊重病人的自主權與尊嚴；我將堅持對人類生命的最高尊重；我將不容許有任何年齡、殘疾、信念、族群、性別、國籍、政治立場、種族、性傾向、社會地位或其它因素的考量介入我的職責和病人之間；我將尊重寄託給我的秘密，即便在病人身故之後；我將秉持良心與尊嚴從事醫業，並遵循優良醫療規範；我將提升醫業的榮譽及高尚傳統；我將給予我的師長、同業與學生應有的尊重與感謝；我將分享我的醫療知識，以增進病人福利和醫療照護的進展；我將注重自身的健康、福祉與能力，以期提供最高標準的照護；我將不運用我的醫學知識去違反人權與公民自由，即便受到威脅；我鄭重地，自主地並且以我的人格宣誓以上約定。

一路玩到掛

　　兩位奧斯卡獎演技派男星——傑克尼克遜、摩根費里曼主演的《一路玩到掛》（*The Bucket List*），看來像一齣喜劇，其實是一部發人省思的影片。

　　摩根費里曼飾演的卡特錢伯斯，剛進大學時，他的哲學老師叫學生列出一份人生清單，寫出他們在一生想做、想看、想體驗的所有事情。

　　卡特一直很想圓夢，實現這份人生清單，但是受限於工作、婚姻、生兒育女，經濟、時間都無法配合，人生清單只能成為遙不可及的夢想。傑克尼克遜飾演的億萬富翁艾德華柯爾，從年輕到老年都忙著賺錢，根本沒有時間認真考慮究竟想如何度過一生。

　　卡特與艾德華同樣罹患癌症，很湊巧地住進同一間病房，兩人從互不理睬，進而閒聊來往。有一天，艾德華無意間在地上撿到卡特的生命清單，在絕望之中，突然興起念頭邀請卡特，一起在人生最後階段來場大冒險，完成清單上的事項。

　　從印度泰姬瑪哈陵到東非坦尚尼亞大草原塞倫蓋提，從最高級的餐廳到最低層的刺青店，從超炫的古董跑車到刺激的螺旋槳飛機，他們追尋各自的夢想，一件件完成自己的人生清單。

　　同事 K 老師個性沉默寡言，不喜歡與他人打交道，65 歲屆

齡退休後，在住家附近租了大約 40 坪面積的田地，每天「日出
而作，日入而息」，過著平淡的生活。生活規律、無不良嗜好、
天天勞動，家族都有長壽基因，父母親都活過 90 歲，家裡吃的
菜都是他自種的無毒蔬菜。我經常開玩笑的跟他說：「照你的
情況來看，活到 100 歲應該沒問題！以後你的喪禮，老朋友大
概都死光無法參加，你的奠儀全收不回來了。」

　　我們幾次邀約 K 老師外出旅遊，他幾乎都不參加，有幾次
答應參加，臨出發前又變卦，找了一堆藉口不參加，多次不良
紀錄，讓主辦人很為難，因此被大夥列為旅遊拒絕往來戶。

　　退休 5 年後，K 老師因經常咳嗽不止，到醫院檢查，發現
肺癌末期且癌細胞又轉移到胃，我們到醫院探視他，他拉著我
的手說了一句永遠沒法做到的事——「等我病好出院，一定跟
你一起到花東去玩！」

　　樂活大叔施昇輝分享他的樂活觀點,「50 歲以後,就要用餘生的光輝把握和家人的相處時間,一路玩到掛,破產上天堂!」,施昇輝以自己為例:「我們夫妻原本不敢花 50 萬坐郵輪,但如果不珍惜機會,從這世上退場時,都會成了遺產稅。」

　　一般來說,多數人在 50 歲到 65 歲之間退休,忙碌一生,退休後應該看淡、放鬆,凡事不強求、不執著,不巴結別人、不委屈自己,在踏上人生終點之前,過一種自在的生活。

　　人們往往會忘掉自己會老、會死,所以人生需要死亡來提醒我們生命無法拖延,需要死亡讓我們了解永恆就是把握當下,必須產生動力改變自己的人生。只要生命還存留一些時間,就有改變生活的可能性。

　　用「一路玩到掛」的心情過日子,並不是消極麻醉自己,而是一種積極的態度,不受限於年齡多大,敞開心胸,邁開腳步,願意冒險、嘗試各種新鮮事,接受所有的可能性,為自己著想,為一生做漂亮的告別。

　　「一路玩到掛」並不僅僅是吃喝玩樂而已,而是用有趣好奇的心情去學習、去體驗生活及嘗試新事物。我們可以選擇當花甲背包客,可以當不老騎士單車環島旅行,可以挑戰百岳高山、嘗試滑翔翼、潛水、滑雪;也可以學繪畫、吉他、跳舞、寫作……只要保持開放的心,堅持好奇的心,就會遇到許多好玩的事、有趣的人。

　　澳大利亞作家、詞曲創作者兼歌手邦妮・韋爾女士的著作
《臨終前最後悔的五件事》，內容是韋爾女士在 8 年護理工作
中收集病患們的憾事。排名第一的是──希望我有勇氣過自己
真正想要的生活。

　　許多人在臨死前，才感慨有些一直想做卻沒做的事，為了
避免留下遺憾，現在就開始行動吧，勇敢的去圓夢！

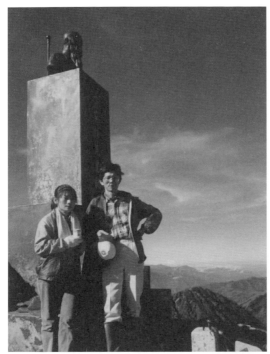

一路玩到掛，需要一種頑童心態，需要一種堅持，需要「心動就要行動」的精神，Just do it！

我的生命清單
——築夢・圓夢

　　出版《從地圖消失——社團新村的故事》2011.10.10 出版捐贈退撫會、圖書館

　　舉辦眷村老照片展 2012.6.2～6.24

　　舉辦眷村文物展 2013.4.13～5.12

　　出版《浪淘沙——眷村・老照片・老故事》（2013.1.4）

　　出版《我們都要好好說再見：關於安樂死的生死議題》（2021.10）

　　向英雄致敬——殉國英靈（2018.10.28）

　　捐贈藏書　2013.7 捐贈四千冊圖書博愛社大

　　為大學同學辦個難忘的同學會（2010.5.20～23 澎湖）

　　渡假小島賣字（2010.2.12 邦喀島）

　　體驗沙浴（2012.1.17 鹿兒島）

　　到沙灘來個天體（2010.7.16-19 澎湖）

　　伊斯坦堡跨越亞歐兩洲（2010.8.25）

　　斯里蘭卡探秘（2014.15.16 三訪）

　　上海磁浮列車飆速（2016.3.12）

　　到地坑院作客（2019.5.14）

　　蓋田園小屋（2017.12）

到貴州苗寨 Long stay（2010.4.24～5.8 苗族）

走訪大陸少數民族慶典（2010.4.24～5.8 苗族姐妹節、三月三）

觀賞瓜雪螢火蟲河（2010.2.6）

巴里島 Long stay（2010.12.20～2011.01.05）

推動安樂死合法（公共政策網路連署 2016.11.6 通過）

到北京國家劇院聽戲**待完成

德國小鎮踩踏**待完成

搭乘 A380 翱翔天際**待完成

舉辦另類婚禮**待完成

瓦拉納希恆河沐浴**待完成

哈爾濱看冰雕**待完成

尼加拉瓜瀑布觀瀑**待完成

為庶民寫生命故事**待完成

緬北或泰北教書**待完成

克里姆林宮踢正步**待完成

捐贈珍藏眷村文物（進行中）

生前告別式

　　2019 年 7 月 7 日，行政院長蘇貞昌出席殉職員警李承翰告別式時，在簽名後順手丟擲簽字筆，引發正反兩方人馬一場網軍混戰。一位專研「師公」禮儀的民俗學者，證實屏東確有擲筆的習俗，但那是辦事「師公」才做的事。其實。各地告別式的習俗大同小異，但都有一些共同需要注意的事──「身上放些茉草或榕樹葉避邪，離開時找個地方丟掉」、「不跟喪家、來賓說再見」、「白包不用新鈔、不包單數」等。

　　告別式是表達向死者告別的儀式，在臺灣喪葬習俗中佔有舉足輕重的地位。不少喪家希望喪禮場面風風光光，參加的親友愈多；來的官員、民意代表愈多，愈有面子，告別式成為炫耀家世、顯示交際的場子，喪家會利用各種人脈關係邀請達官貴人致贈輓聯、送花籃，若能請到高官親自到場致意，更有面子。

　　公祭時，不論執政黨或在野黨，總有民意代表或辦事處人員，像競選一樣，穿著政黨鮮明、印有斗大名字的背心，上香致意，其實許多民意代表根本與死者素昧平生，上香的目的，眾人皆知。

　　參加告別式經常看到的場景是喪家在會場內端坐、行禮如儀；會場外則成為來賓哈啦的地方，一群人低聲交頭接耳、談

天說地，等輪到自己單位公祭時，瞬間「變臉」面帶哀戚上香致意。公祭後，有人快速離去；有人繼續開講。告別式是朋友難得見面的機會，且喪者已矣，沒法多說一句話，朋友相見聊天哈啦其實也無可厚非。

2001 年 12 月 5 日，西華飯店宴會廳有一場熱鬧、活潑的告別式，主角癌症末期作家曹又方活生生出現在會場，以「生前告別式」的方式，和所有親友開開心心的 Say Bye Bye !

這場生前告別式和曹又方的新書發表會結合，出版社廣邀100 多位曹又方在藝文、出版各界好朋友參加，曹又方要求出版社發邀請卡時不要提到告別式，讓所有朋友都穿著最漂亮的衣服，高高興興的出席，告別式籠罩在溫馨、感人的氣氛中。

2004 年，知名旅遊節目主持人李秀媛應臺北市政府社會局的邀請，為自己舉辦了一場在當時可說是「驚世駭俗」的生前告別式，宣導「不讓身後留下遺憾」的觀念。作家黃越綏計畫在 75 歲時辦生前告別式，她希望那是一場有幽默人生的秀，以售票方式將收入捐贈公益團體。資深體育主播傅達仁於 2016年 12 月 27 日，將原計畫的新書發表會，改成生前告別式，職籃球星戴維斯、主播盛竹如等到場，總統蔡英文送花籃致意。傅達仁利用生前告別式，拚老命推動安樂死合法化，遺憾的是他等不到臺灣通過安樂死合法案，最後選擇遠赴瑞士執行安樂死。

有位朋友喜歡把「我不怕死！」掛在嘴上，沒人知道他究竟是不是「夜半吹口哨過墳場」自我壯膽，但綜觀千年悠悠歷史，只有少數人面臨死亡能「泰山崩於前而色不變」，即使殺人不眨眼的江洋大盜，綁赴刑場執行死刑時，絕大多數都嚇得

屁滾尿流。

　　人去世後，一切全是空，看不到豪華喪禮、收不到奠儀、看不見任何親友、聽不到祭文、吃不到祭品……。死後的告別式其實是辦給活人看的，我不想花費這些無謂的錢。舉辦生前告別式是我的生命清單之一，我不會依照傳統訃聞的格式，改以彩色印刷，內容也不會出現「泣血稽首」等誇張文字，不用送花環、花籃、羅馬柱等，但我一定會在生前告別式的邀請卡註明「奠儀多多益善，所得做出版眷村系列書籍用」，為保存眷村文化再盡分心力！

　　我的生前告別式定名「瀟灑走一回」，計畫在自家的浪淘沙農園舉辦，結合茶席、午茶、藝文沙龍等方式，希望在親友的祝福下，踏上「One way ticket」的旅行。

　　2002 年 8 月 1 日退休後，我開始著手製作個人生平 P.P.T「瀟灑走一回」，等待倒數計時的生命！

Chapter 3

千古艱難唯一死

每個人都在回家的路上

　　在印度，人們認為死亡是生命的頂點，是生命最終的開花。在死亡當中，整個生命都加總起來。生命是一個走向死亡的朝聖旅程。

　　「家破人亡」看似一件很淒慘的事，其實每個家庭都是「家破人亡」。《雜譬喻經》有個老婦人喪子的故事──婦人獨生子染惡疾病逝，佛陀聽完老婦人哀痛的敘述後問道：「妳想讓兒子死而復生嗎？」婦人毫不猶豫地回答「世尊！那是我的希

望！」，佛陀囑咐婦人：「你趕快到城中去尋找，家中從來沒有死過人的人家，去求他們的火過來，就可讓你兒子復生。」，老婦人聽完後立刻動身，四處詢問，找了幾十戶人家，得到的都是相同的答案——「從祖先那時代開始，家中先後都有人去世過。」她根本沒有要到不死火，只好失望的回去找佛陀。

老婦人告訴佛陀說：「我四處走遍了，根本沒有人的家裡是沒人去世過的，所以我要不到火，只好空手而回了。」經過佛陀開示，老婦終於明白「生離死別」是人生必經的過程，不管是富貴或貧賤，從古到今，從沒有人可躲過這一關。

位高權重的美國前總統雷根高齡 94 歲，叱吒風雲的邱吉爾 92 歲，二次世界大戰英雄麥克阿瑟 84 歲，權傾天下的康熙皇帝 68 歲，羅馬帝國凱薩大帝 57 歲，發動世界大戰的希特勒 56 歲，秦始皇 50 歲，四處征戰的亞歷山大三世只有 34 歲，國父孫中山 58 歲，大文人蘇東坡 66 歲，詩仙李白 62 歲，生活困頓的杜甫竟然活到 59 歲，一代高僧弘一大師 62 歲，貝多芬 56 歲，上知天文下通地理的諸葛亮也不過 53 歲，英年早逝的鄧麗君 43 歲，瑪麗蓮夢露 37 歲，岳飛 28 歲……無論英雄豪傑、騷人墨客、明君昏君、畫家、音樂家、高僧大德……都得乖乖向死神投降。

死亡在人類的生命中時時刻刻地發生，人們聽不到死亡的腳步聲，看不見死亡的呼喚……雖然它一直就在周遭發生，但我們的文化卻逃避死亡、掩飾死亡，人們把死亡藏起來，又以一些虛幻不實的想法美化死亡。

　　賈伯斯說：「死亡，是生命中最棒的發明。它在強調透過新陳代謝的過程，讓人類萬物得以生生不息，不斷成長、進步。」

　　年輕時，我認為命運掌握在自己手中，只要努力就會有收穫；年過花甲後，慢慢體悟老祖宗的話「生死有命、富貴在天」，冥冥之中，人生劇本早已寫好，我們只是照著劇本在演，直到幕落才發現「一切天註定」。有人認為我太消極，其實我是「過

盡千帆」的感觸！

　　新冠病毒（COVID-19）肆虐全球是天命；宋楚瑜、連戰沒當上總統，是天命；川普無法連任美國總統，也是天命；金正恩擔任北韓領導人是天命；習近平鬥垮薄熙來，難道不是天命使然？！

　　有個朋友立志當校長，多次參加校長甄試，都以些微分數落榜，依他的成績，都可考上特偏地區校長，有朋友勸他改考特偏地區校長，結果那年報考特偏地區的人意外的多，還是落榜，令他氣結的是，他的成績達到偏遠地區標準，如報考偏遠地區就可如願當校長！

　　「閻王叫你三更死、誰敢留人到五更」，2011 年 4 月 27 日上午 12 時 17 分阿里山森林小火車第 111 車次，從神木站開往阿里山站途中，在 70.25K 處，因鐵路旁的大樹枝幹斷裂，撞擊火車，導致第 4 節車廂翻覆，5、6 節車廂滑落橋下，造成 5 死 107 傷的慘重車禍。

　　當年，我在報社當特約記者，採訪這件不可思議的車禍，心想若不是上天註定，發生如此車禍的機率幾乎是零，縱使有人蓄意要謀害火車內的仇人，特意算好火車經過時間，將大樹鋸成將倒狀況，也不可能在設定的時間讓大樹倒塌，撞擊特定車廂，解決仇人。

　　新加坡的連氏基金會，從 2006 年開始教育大眾「善終」的觀念；日本提出「生前整理」、「終活」的概念，市面上各種提供 SOP 的筆記本和書籍，提醒民眾思考人生的最後一段旅程要如何規劃。

　　呱呱落地踏上人生旅途，一路上，父母長輩陪著我們、兄弟姊妹陪著我們、朋友同學陪著我們、配偶陪著我們、子女陪著我們……。

　　有一天，我們會發現──父母長輩先回家了、有些晚輩先回家了、親朋好友先回家了……我們都在「回家」的路上！

　　我們準備好了嗎？！

略談安樂死

　　關於安樂死的討論多如牛毛，庶民百姓不太容易全盤了解，引用各方看法簡略敘述如下：

　　安樂死（euthanasis）源於希臘文 euthanatos。在希臘語中，eu 的意思是「好的」，thanatos 的意思是「死亡」。因此，就字面的解釋是「好的死亡」。2019 年 12 月修訂的大英百科全書將安樂死定義為：「安樂死又稱仁慈殺戮，即無痛地殺死或通過不給予或撤銷維生措施，使患者死亡的行動」。

　　中文「安樂死」來自日本對 euthanasia 的翻譯，日本翻譯為安死術，西方一直以「理想的終結，自然無痛的解除痛苦」詮釋安樂死。隨著醫療科技的發展，維持病人「生命」的方法日益進步，安樂死的觀念有了特殊的醫學意義，就是藉著醫學技術的干預，達到縮短生命的目的。這種干預手段分為主動型安樂死和被動型安樂死。

　　主動型安樂死是透過藥物或其他人工的方法進行安樂死；被動型安樂死則是中斷治療或基本照顧，以導致安樂死。在主動型安樂死和被動型安樂死中，又因當事人對安樂死的接受與否，分為自願安樂死和非自願安樂死。

　　自願安樂死這近幾十年於歐美發展，因顧慮到在病危或突發意外時，當事人可能喪失意識而無法表達自己的意願，又或

是病人在病重時的取態，這種情況必須事先確立「生死意願書」（Living Will）或是「預留醫療指示」（Advance Directive）。另外，非自願安樂死又可分為無意願安樂死與不自願安樂死。

2002 年，荷蘭通過《應要求終結生命與協助自殺法》（Act on Termination of Life on Request and Assisted Suicide），成為全球第一個通過安樂死合法化的國家。至 2021 年 2 月止，全球正式合法化安樂死的國家，以歐盟國家居多，比利時、盧森堡與荷蘭皆已合法化安樂死。瑞士、加拿大、紐西蘭、哥倫比亞也已通過安樂死法案。澳洲有維多利亞州、西澳州兩個州已通過，美國加州、夏威夷、華盛頓州、奧勒岡州、蒙大拿州、佛蒙特州、科羅拉多州、紐澤西州通過安樂死法案，德克薩斯州則有限程度上合法。印度最高法院依據憲法第 21 條，贊成無治癒希望的絕症病人、永久植物人可接受被動安樂死。

1982 年，王曉民的父母向立法院請願制定安樂死相關法律，當時引起各方爭辯，因大部分立委反對未通過，2016 年 9 月 9 日旅遊作家賴台生發起「安樂死合法化」連署，通過公共政策網路參與平臺提案，衛福部召開公聽會後不了了之，2018 年 6 月 7 日，前體育主播傅達仁在瑞士接受安樂死，掀起一陣討論熱潮。2018 年 8 月 24 日，婦產科醫師江盛發起「死亡權利法案立法公投案」（簡稱「安樂死公投」案），因連署人數不足作罷。

雖然多次民意調查，贊成安樂死的民眾都在 8 成以上，但各界人士意見紛紛，臺灣要通過安樂死合法化還有漫漫長路！

誰想上天堂？！

　　小時候，大人喜歡拿鬼故事嚇小孩，我們眷村最流行的鬼故事發生在公廁。村子只有兩座公廁，公廁內五燭光的小燈泡，像鬼火似的隨風搖盪，讓人不由得毛骨悚然，有時燈泡壞了，由於眷村一切克難，總要等上一兩、個月，才會更換，有燈泡時還勉強有點燈光，燈泡壞時，廁所一片漆黑，自然成為鬼故事最佳所在。

　　公廁的蹲式馬桶難得完整無缺，多數馬桶高出地面的部分都被打破，有時連底部都透空。不知道是家長怕小孩不小心掉到糞坑，或是大人們怕小孩也加入搶廁所的行列，當年村中大人最喜歡講的鬼故事──曾經有小孩上廁所時，碰到一隻毛茸茸的鬼手從糞坑伸出來，幫小孩擦屁股。鬼手的故事嚇得絕大多數的小孩只敢在小便池上大號，夜晚上廁所更成為多數小朋友最害怕的事，迫不得已夜晚要上廁所，一定呼朋引伴，排排蹲的小朋友，也許只有一個在「方便」，其他人則是一旁壯膽。

　　宗教界則以地獄嚇眾生，基督教、佛教、伊斯蘭教、印度教等宗教關於地獄的描述大同小異，華人社會最熟悉的地獄，應該是道教描述的地獄。道教的鬼城在四川酆都，到了鬼城先得有通行證，接著過奈何橋，善人過橋平坦順暢；惡人則無比險惡，橋下河水又稱血水池，惡臭難聞、中有惡鬼、毒蟲，忽

　　而冷如冰、忽而熱如火，惡人鬼魂到此一定掉入水中，接受第一次的煎熬。通過血水池，惡人進入鬼門關，遭毒打一番後，到判官府審查功過罪孽，再按罪行打入不同地獄。

　　地獄基本的說法是 18 層，每層地獄都有判官老爺、牛頭馬面等著侍候生前為非作歹、無惡不作的惡棍、壞蛋。上刀山、下油鍋、鐵鉗夾住舌頭，剪斷十個手指、自後背皮下挑入，吊在滿布利刃的鐵樹、投入蒸籠蒸，蒸過以後，帶入拔舌地獄、投入坑中，用數隻野牛角頂，牛蹄踩，放入石臼內舂殺，將衣服脫光，呈「大」字形捆綁於四根木椿之上，由襠部開始至頭部，用鋸鋸斃……各種勝過「滿清十大酷刑」的刑罰，教人不寒而慄！

　　魔鬼加地獄，讓人們從小就怕死，但人總是要死的，各宗教為了讓民眾相信祂們的教主能解決死的問題，紛紛畫出美麗

大餅，基督教創造了天堂——「十二個門是十二顆珍珠，每門是一顆珍珠。城內的街道是精金，好像明透的玻璃。」、「在河這邊與那邊有生命樹，結十二樣果子，每月都結果子；樹上的葉子乃為醫治萬民。」

　　佛教創造出西方極樂世界——「七重欄楯、七重羅網、七重行樹，皆是四寶，周匝圍繞，是故彼國名為極樂。又極樂國土有七寶池，八功德水充滿其中，池底純以金沙布陳在地。四邊階道，金、銀、瑠璃、玻瓈合成。上有樓閣，亦以金、銀、瑠璃、玻瓈、硨磲、赤珠、瑪瑙而嚴飾之。」；伊斯蘭教創建的天堂，「有金銀、珍珠以及其他名貴建材打造的宮殿。有體色『雪白眩目』的馬與駱駝，有巨大的樹木、麝香造成的山巒，其中有河水流過以珍珠與紅寶石砌成的谷地，居民的生活情狀：快樂——沒有受傷、悲傷、恐懼或恥辱——在那裡凡事有求必應。」；道教則有上界「三清、四御、東五公、西王母等道教神仙住在那裡，長年有瑤草琪花、蟠桃鮮果，有金闕丹爐、金童玉女」。

　　姑且就算真的有天堂、有地獄，為何神話故事有不少神仙下凡？自由自在、無憂無慮卻無所事事的天堂生活，雖蠻吸引人，但人間有羅曼蒂克的愛情；有不共戴天的仇恨；有爾虞我詐、你爭我奪……多元豐富的熱鬧生活，即使天庭天條中私自下凡是重罪，依然擋不住神仙們下凡——齊天大聖孫悟空保護唐三藏西天取經、千年白蛇白素貞愛上許仙、七仙女老么愛上賣身葬父的董永、織女愛牛郎、哪吒和龍王三太子到東海玩水……。令人膽戰心驚的地獄，縱使門禁森嚴，每年農曆 7 月

開鬼門，眾鬼才能外出，但為何到處都有鬼故事、到處都有「鬼出沒」的傳說？

　　地獄如此恐怖，大家當然不想去；天堂、極樂世界如此可愛，有誰想早日去報到？！

長短別在意，精彩才重要！

　　2020 年 6 月 23 日，在大陸十分火紅的歌唱組合「鳳凰傳奇」，發行一首由董寶石作詞，王朝、董寶石作曲的歌曲——《過山》，我蠻喜歡歌詞的氣魄——

再高的山崗也要過一回
誰不想看見那山後的美
月光映馬背飲下酒一杯
大風在吹
心底早已做好準備
再陡的山路也要走一回
越過了山頂只為把彩雲追
待雨過天晴就忘了苦和累
那勇者無畏　卻從不知後悔
何懼人生路漫漫　一生要過多少關
管它山門有好寬　我的心有多寬
跨險灘雨夜翻山
舉起火把來過山
不會怕風越刮風越狂
我的馬越快

　　歲月苦短　何必給自己留遺憾
　　如果得過且過　如何過山路十八彎……

　　「力拔山兮氣蓋世」的項羽，與劉邦的爭戰，雖然落得兵敗垓下、烏江自盡的下場，敗軍之將不但被司馬遷在《史記》中列入帝王等級的「本紀」，還成為後世推崇的英雄，在漫長的中國歷史上十分罕見。

　　西元前 207 年鉅鹿之戰，項羽統率 5 萬楚軍，大破章邯、王離領導的 40 萬秦軍，逼得皇帝子嬰自降為「秦王」，不再稱「皇帝」，決定秦朝覆亡的命運。項羽起兵後短短三年，率領山東六國諸侯滅秦，分封天下，自封「西楚霸王」，統治黃河及長江下游的梁楚九郡，年紀只有 25 歲。

　　除了赫赫戰功，項羽和虞姬淒美的愛情故事更令後人津津樂道，崑曲、京劇、越劇、黃梅戲、河南梆子、山東大鼓……連歌仔戲都有「霸王別姬」的劇目，更甭說電影、電視了。項羽（西元前 232～前 202 年）只有短短 30 年的生命，但精彩不斷。

　　「煮豆燃豆萁，豆在釜中泣。本是同根生，相煎何太急？」七步成詩的曹植（192～252 年），字子建，沛國譙縣人，是曹操的第 3 個兒子。天資聰敏，記憶力驚人，萬言不忘，南朝宋謝靈運稱「天下才共一石（十斗），曹子建獨得八斗」。雖然因才華橫溢，深受曹操的喜愛，但他任性而為，屢犯法禁（擅開司馬門、駛入馳道），飲酒不節（因酒醉而耽誤了軍情），因而失寵。

　　曹植早年境遇順適，詩歌充滿著昂揚的精神，調子開朗豪邁，作品風華有餘，而血肉不足。後期備受壓抑和迫害，詩風轉為沉痛激憤，深沉悲壯，有血有肉。除了詩文一流，曹植也是書法高手，以章草書寫的《鶡雀賦》是中國書法的精品。

　　一般認為《洛神賦》，是因曹植被封鄄城所作，但也有人認為牽扯到曹植與曹丕元配甄宓之間一段錯綜複雜的感情，姑且不論真假，自古文人多風流，才子曹植感情生活想必也是多彩多姿！

　　海峽兩岸及亞洲其他地區有廣大影響力的指標性音樂人物鄧麗君（1953～1995 年），14 歲發行第一張個人唱片專輯，開始在歌壇走紅，1970 至 80 年代達到事業高峰，受到臺灣、日本、香港、泰國、馬來西亞、南韓等地民眾的廣泛歡迎，世人稱譽「有華人的地方，就有鄧麗君的歌聲」。中國大陸甚至有「白天聽老鄧，晚上聽小鄧」、「老鄧不如小鄧」的說法。祖籍河北的鄧麗君十分愛國，縱使紅遍歌壇，但仍經常前往台澎金馬各地軍營，慰勞國軍弟兄，博得「永遠的軍中情人」的美名。

　　鄧麗君獲得臺灣、香港歌壇分別頒發金曲獎特別貢獻獎、金針獎，中國網票選其為「新中國最有影響力文化人物」，馬來西亞《南洋商報》評其為「20 世紀最具代表性華人歌手」。

　　1995 年鄧麗君哮喘發作，猝逝於泰國清邁。在世間短短 44 年，卻讓世人永遠懷念！

　　亞歷山大大帝（ALEXANDER THE GREAT，西元前 356 ～前 323 年）比項羽只多活兩年，一生更是精彩無比。

　　20 歲時繼承馬其頓王位，西元前 334 年，進軍波斯阿契美尼德帝國統治的小亞細亞地區，開始長達 10 年的亞歷山大東征，在戰場上從未被擊敗，被認為是歷史上最偉大的將領之一。30 歲時建立範圍涵蓋希臘、小亞細亞、埃及、波斯、兩河流域、阿富汗以及印度西北部的帝國。

　　亞歷山大的感情世界特別讓人感興趣，一些文人喜歡為這位年輕國王的感情生活加油添醋，塗抹幾筆桃花，編造幾許浪漫，亞歷山大大帝的情感生活撲朔迷離，讓後人增加不少想像空間。

　　西元前 327 年初春，亞歷山大與羅克薩娜，一見鍾情，沉入愛河，由於羅克薩娜是俘虜，在馬其頓將士們眼中，羅克薩娜只是一個身份不高貴的蠻族，這次婚姻引起軍隊不滿，亞歷山大只好「愛江山，不愛美人」。西元前 324 年，征戰印度回來之後，亞歷山大在波斯舊都蘇薩，大張旗鼓地迎娶大流士三世的女兒史塔蒂拉（Statira）為王后。這場婚禮中，亞歷山大將波斯的貴族女士許配給他的 80 個部將、幕僚，應該是全球首次大規模集體婚禮。

　　有些人生命不長，卻令人讚嘆；反觀一些人，生命不短，卻令人痛恨！

　　世界各國最瘋狂的領導人，首推非洲烏干達前總統伊迪・阿敏・達達（Idi Amin Dada, 1925～2003 年）。阿敏是烏干達 1970 年代的前軍事獨裁者，統治烏干達時期，政治迫害、種族迫害、草率處決、法外處決、裙帶政治、政治腐敗等問題十分嚴重。在位其間殺人如麻，國際觀察組織及人權組織估計在其

統治下被殺害的人數達 10 萬至 50 萬人。

　　1974 年，阿敏發現自己的一個女人和警衛私通，於是把 2 人全部分屍吃掉。曾經有位外國記者採訪過阿敏，他對吃人肉的事情毫不否認，甚至回答：「人肉太鹹，不符合我的口味。」

　　日本第 124 代天皇──昭和天皇（1901～1989 年）發動第二次世界大戰，效忠天皇、喪心病狂的日本軍閥除了在南京屠殺 30 萬以上中國人，造成軍隊傷亡約 380 萬人，死亡的中國人民高達 2000 萬人，加上對蘇聯、東南亞等地侵略戰爭，合計死傷人數創世界紀錄，堪稱世界第一劊子手。

　　1975 年，柬埔寨中央委員會總書記波布（Pol Pot, 1925～1998 年）推翻高棉共和國，成為柬埔寨的最高領導人，執政期間激進推行共產主義，實行農業集體化，將所有城市居民強行

驅趕到農村的集體農場勞動，屠殺大量「新政府的敵人」，1975
至 1979 年，柬埔寨大約有 200 萬人因疾病、過度勞動、營養不
良、殺戮等原因喪生，占當時約 800 萬人口的四分之一，被歷
史學家稱為「紅色高棉大屠殺」。

如果阿敏、昭和天皇、波布……只活個 2、30 歲，大概就
不會遺臭萬年！

從訃聞的外觀顏色就可看出許多人的迷失，70 歲以下使用
白色；70～89 歲用粉紅色；90 歲以上用紅色；五代同堂或活過
100 歲就用大紅色。

我們迷失在生命的長短，卻往往忽略了生命最重要的是精
彩度！

殯儀館像五星級旅館

　　時代不停地在變，過去農業社會，7、80 歲的老人，除了伴侶，還有 5、60 歲子女及 2、30 歲的孫輩和大家族的親戚照顧。進入 e 世代，大家庭消失，小家庭取而代之，孝順父母變成「孝順子女」，子女要維持生活，幾乎無法放下工作，親身照顧年邁的父母，想要子女孝順竟然成為一件奢侈的事。橘世代進殯儀館前，擺在眼前的是條艱辛的路！

　　提到頤和園，我們想到的是北京城內慈禧太后享樂的地方；提起拙政園，我們知道是高官退休後頤養天年的地方。臺灣有不少老人家，提到養老院、護理之家、敬老所就眉頭深鎖，一則擔心鄰里「說三道四」；再則不習慣離開長年居住的家，

入住養老院就像被判死刑般。

　　「坦白說，我第一次進殯儀館，看到怵目驚心的環境，頭皮會發麻。」從殯葬大亨李世聰的話，就可知一般人視殯儀館為畏途的原因。岳父車禍過世，我第一次進殯儀館，陰森森的環境已令人心驚肉跳，入夜後，我們還得參加燒庫錢、誦經、磕頭等各種喪葬儀式。在昏暗的燈光下，我們擠在狹窄的靈堂內，「師公」掄起驅邪棒四處飛舞，還不時發出怪聲，大人嚇得臉都白了，小孩子則全被嚇哭了。

　　殯儀館可怕，墳場更恐怖，過去的墳場大都人跡罕至、荒煙蔓草，冷清、淒涼、恐怖……是鬼故事最佳場地。二十多年前，國人開始接受火葬的觀念，靈骨塔因運而起，情況稍微好轉，但森嚴的景象依然令人不安。

過去，我們把安息的地方稱作墳墓；如今，有人稱為生命園區、夜總會、XX 園……；過去，死了就是逝世、掛了、翹啦；如今則是往生、移民……。雖然換湯不換藥，但聽起來順耳多了，也許，比較能讓人接受吧！。

《金剛經》勸人「不取於相，如如不動」，事實上，人有七情六欲，連修道高僧都很難達到不受外物影響的境界，何況凡夫俗子。為消減對殯儀館、墳場的恐懼感，讓親友能在安適、人性化的環境中為亡者送行，以五星級旅館的模式設計殯儀館；將墳場興建成像公園一般，勢必成為未來的趨勢。

臺灣已有殯葬業者，邀請日本建築藝術大師安藤忠雄以其倡導的「與自然共生」理念，設計「光之丘生命紀念館」，並由知名豪宅景觀設計團隊——老圃造園負責統籌園區內的景觀植栽，讓四季都能有花卉美景呼應大師的建築作品。雖然價格貴到不行，應該還是能吸引有錢人做為人生最後歸宿。

殯儀館可以設計成五星級旅館，從世界各地陣亡將士紀念公墓、烈士陵園的莊嚴、肅穆、清潔、美觀來看，墳場當然可以化身為公園。歐美一些先進國家的墳場，美化、綠化都蠻有特色，甚至成為觀光景點。政府該拿出魄力解決臺灣「墓仔埔」的恐怖景象了！

好風水到哪去了？！清東陵迷思

　　姑且不管迷信與否，經過千百年的薰習，「風水」幾乎是國人生活難以避開的部分，不少人除希望自家住宅風水絕佳，甚至連往生祖先的陰宅，都想盡辦法葬在風水寶地，期盼世世代代享盡榮華富貴。

　　在古代，皇帝最大，擁有絕對的權力，幾乎所有皇帝都希望後代子孫永居王位，永握大權。但曠觀往史，自秦始皇至今，悠悠數千年消逝，那有一個王朝依然笑傲人間？那有任何家族

永遠高居皇位？令人納悶的是，歷朝歷代的皇家陵園不都在絕佳的風水寶地嗎？！難道風水寶地是騙人的？！

多數人摸不清莫測高深的風水底細，人云亦云，因此長期以來，風水師、地理師都是蠻神秘的行業。中國自古認為風水學是「山、醫、命、卜、相」五術之一，屬於相術中的相地之術，古代稱風水學為堪輿術。相傳創始人是九天玄女，比較完善的理論起源於戰國時代，是歷史相當久遠的一門玄術。

清朝三大陵園中最大的東陵，座落在河北省遵化市境西北部馬蘭峪的昌瑞山一帶，陵園共有 5 座帝陵，4 座后陵，5 座皇妃陵寢，8 座皇子陵寢，4 座奶媽墳，1 座貞官墓和 1 座穆公墓，眾多皇室陵墓選在此處，風水怎能不好？！

順治 8 年，順治帝出巡狩獵，來到鳳台嶺巔，順治極目遠眺，見山勢雄偉壯闊、山間澗水清澈，發出由衷的讚嘆。左看右看，選擇了一塊風水相宜的地方，取下右手大拇指上佩戴的翠玉「扳指」，扔下山坡。莊重地向身邊群臣宣布：「此山王氣蔥鬱，可以為朕壽宮。」「扳指」停落之處，就是佳穴，可以在那裡興工。傳說康熙修建順治皇帝孝陵，風水術士選中的吉穴正是當年扳指滾落之處。皇帝欽定加上風水大師的慧眼，誰敢說風水不好？！

絕佳風水理應上天會庇護，那裡想到清朝滅亡後，保護機構無力守衛，清東陵先後遭遇 7 次大小規模的盜墓和盜掘，規模最大破壞最嚴重的是，1928 年時軍閥孫殿英明目張膽的盜案。生前權傾一時的乾隆、慈禧太后，死後陵墓慘遭大肆破壞，也未曾顯靈展示威風。

　　皇家陵園命運多舛，附近的馬蘭峪好像也沒得到多少庇應，至今街道狹窄、髒亂，居民生活仍處在上世紀八、九零年代的大陸農村水平。

　　自古以來，只見位高權重的人挑選龍穴，未見飛黃騰達的子孫祭拜龍穴，風水啊！風水！

遺忘才是真正的死亡！

　　進入 e 世代，多數人一機在手，甭說年輕世代，喜馬拉雅山區的雪巴、青藏高原的牧民、遠洋漁船的漁工、翱翔天際的太空人、偏僻山村的大爺、大媽……連三歲娃娃都一樣成為低頭族。車站、餐館、飛機、郵輪、醫院、旅館、海灘、高山等，到處都是忙著低頭猛滑的景象。Line、fb、微信、推特等引領風向、帶動人潮，網軍如水銀瀉地無遠弗屆，網軍口砲無堅不摧，讓人既愛又恨。

　　美國前總統川普可說是全世界第一名的網紅，2018 年美國總統大選，川普從完全不被看好的情況，靠著敏感的話題、聳動的言論、美麗的口號……異軍突起，迅速在網路爆紅，所向披靡，最終代表共和黨贏得美國第 45 任總統。

　　姑且不論川普在世界掀起的紛爭到底是對是錯，他撕裂族群、打破傳統價值觀、歧視女性、仇視穆斯林……在各種場合無所不用其極地辱罵對手、退出許多世界性組織、在墨西哥邊境蓋圍牆、四處搧風點火等激烈手法，儘管遭到不少民眾抗議、主流媒體圍剿，但每一次都靠他的粉絲支持，全身而退，操作網路的功夫堪稱舉世無雙。

　　「搏取版面」、「演很大」是政治人物的基本功，不少政治人物愛演，前總統陳水扁可說是其中的佼佼者，他扮演過「麥

克傑克遜超人」，也扮過聖誕老公公，影片《鐵達尼號》紅遍全球後，他也不甘寂寞軋一角「李奧納多・扁」，成功吸引群眾注意，網路聲量飆高。

時下的政治人物為搏版面，有的搞外遇；有的露奶、有的爆粗口、開黃腔；有人跳愛河、有人吃曲棍球、有人剁雞頭、有人剃光頭……使出渾身解數譁眾取寵。如果沒有鎂光燈，沒有麥克風，幾天沒上報、上電視、網路，就坐立難安、寢食不安，擔心被民眾遺忘了。萬一被民眾遺忘，政治生命就結束了！

這是一個作秀的時代，影星、歌手、作家、旅行家、企業家、美食家、神職人員、建築師、律師……想要走紅，除了專業本領外，更需要作秀搏版面，沒有網軍助威一切都「如夢幻泡影」。

親人罹患不治之症，生命就在朝朝夕夕之間，儘管病人飽受折磨，分分秒秒痛苦難當，生不如死，不少家屬基於「至少還能看見他（她）」的緣故，想盡一切方法延長病人生命。雖然現代醫療愈來愈進步，或許勉強靠現代醫療苟延殘喘，但最終的結果還是病人、家屬、醫師三輸。縱然多數人都知道「和死神拔河」，至今人類從沒贏過，但這種悲劇還是持續在臺灣上演，日復一日、年復一年！

一些英俊瀟灑的帥哥、美麗動人的姑娘，當容顏不再如年輕時英俊迷人，往往選擇躲開公眾的眼光，他（她）們或許是想要留給世人最美的面容、美好的懷念。在一堆無效醫療的救治下，人們可能延長親人少則幾天、幾月，多則幾年的生命，但留給病人的是枯槁的身軀、苦不堪言的疼痛、無休止的折磨，

最後留給親人腦海的是病人痛苦扭曲的面容、傷痕累累的身軀……。

　　老祖宗的智慧告訴我們要「慎終追遠」，不僅「每逢佳節倍思親」，真正的懷念是在心裡，遺忘才是真正的死亡！

臺灣還有自然死嗎？！

有些人主張以自然死代替安樂死！

自然死是指符合生命和疾病自然發展規律，没有外力干預而發生的死亡。有位研究「安寧緩和醫療」的專家將自然死定義為「不使用高科技或特殊維生方式來延長疾病末期狀態之瀕死階段，讓疾病因自然進行而死亡」。

古代物質匱乏、醫療條件落後加上洪水乾旱等自然災害、疾病、野獸襲擊、戰亂等原因，導致人的壽命比較短。與現代人的平均壽命比較，古代人的平均壽命短到不可想像——夏、商兩朝平均 18 歲，秦漢時期 20 歲，東漢 22 歲，唐朝 27 歲，宋代 30 歲，清代 33 歲，到民國時期也只有 35 歲。雖然野史記載彭祖活到 800 歲、張三豐 212 歲、陳摶 118 歲，但無法查證，可能只是神話故事的喧染。古代時，一般人活超過 40 歲已算長壽，更別說活到半百、花甲之齡，難怪古語說「人生七十古來稀」。

世界上最早記載人口平均壽命的國家是古希臘（西元前 5～4 世紀），當時居民平均壽命是 19 歲。此後，歐洲其他國家陸續有相關紀錄——16 世紀歐洲人平均壽命是 21 歲；17 世紀平均壽命是 26 歲；18 世紀增至 34 歲；20 世紀初成長到 50 歲。

生老病死是自然界中生物的一種自然規律，每種生物能活

多久，就是由這種規律決定。被稱為朝生暮死的蜉蝣，一般來說成蟲的壽命僅僅數小時至 3 天，最多也不過 7 天；飛蟻蛄壽命也很短，只有 7 天，「嗡嗡嗡、嗡嗡嗡，大家一起勤做工」的蜜蜂，壽命 4 星期，人們痛恨的蚊子，盡管四處吸血補充營養，也不過 2 個月的生命；狗的壽命是 12 年；傳說有 9 條命的貓，其實壽命只有 15 年；萬獸之王獅子，壽命是 20 年；老虎比獅子多活 5 年；長頸鹿可活 28 年；馬 30 年、犀牛 40 年、印度象 70 年、象龜 150 年、露脊鯨可活到 200 年。

自古以來鶴都被華人當作長壽象徵，科學調查發現，一般品種的鶴壽命大約 20～50 年左右，人類飼養的鶴能活 80 年。與人類有最近的共同祖先，從演化的角度看是現存生物中與人類最近的黑猩猩，跟人類基因組的相似度高達 98.8%，野生的黑猩猩，壽命從 12.9 歲到 32.8 歲，人類圈養的黑猩猩，壽命可長達 50 歲。人為介入延長了鶴、黑猩猩壽命，卻違反了自然規律。

江蘇淮北一個小鄉村，有位大媽，雖然目不識丁，但卻有一手剪紙的好功夫，大媽利用農閒時，到鎮上擺攤販賣剪紙作品，有次碰巧遇到鎮委書記，書記看她的剪紙維妙維肖，鼓勵她參加全縣剪紙比賽，沒想到一舉奪冠。接著大媽的剪紙作品，參加省賽、全國大賽都有不錯的成績，成為小村的紅人。人紅了，記者聞風而來，某電視臺記者到大媽家做專訪，進門後，發現有個大叔躺在泥土地上，不時還唉聲嘆氣。

記者探明狀況後，得知大叔是大媽的先生，幾個月前，不明原因低溫發燒，由於家境貧窮，無力就醫，全身熱呼呼非常

不舒服，只好躺在冰涼泥土地上，稍稍降溫，減輕不適。再過一、兩個月，記者再度訪問剪紙大媽，她先生已去世了。如及時就醫，大叔應該不致死亡，因為沒有醫療介入，大叔自然離世。

　　現今臺灣的醫療，絕對可躋身世界前段班，廉價的全民健保、比比皆是的醫院、診所……除了醫療資源相對匱乏的偏鄉，大多數人就醫都蠻方便的。

　　臺灣新生兒於出生後 24 小時內、滿 1 個月、6 個月，必須各接受一劑 B 型肝炎疫苗注射。2 個月時、4 個月、6 個月、18 個月時接種五合一疫苗，接著還要接種「13 價結合型肺炎鏈球菌疫苗」、卡介苗、水痘、麻疹腮腺炎德國麻疹混合疫苗、A 型肝炎、日本腦炎、口服輪狀病毒等一大堆的疫苗。醫療系統自出生就開始介入，直到死亡。

　　基本來說「自然死」是讓人順天而行、自然死亡，不加入任何外力干預。臺灣醫療發達，一出生就開始接種各式疫苗，碰到感冒、腹瀉等小病，當然要找醫生；罹患重病更脫離不了醫療的介入，醫療已與生活息息相關，怎麼可能自然死？！

如人飲水，冷暖自知

　　1999 年 9 月 21 日上午 1 時 47 分 15.9 秒，臺灣中部山區發生芮氏規模 7.3 的大地震，三更半夜天搖地動，我們連滾帶爬跑出家門，就聽到家裡電話鈴響個不停，被地震嚇得驚魂未定，我根本不敢回房接電話，電話鈴持續響了好久，總算停了，沒想到，不久後，電話鈴又響，由於餘震不斷，進屋實在不安全，我還是躲在戶外不接電話。

　　地震次日，一早就有朋友來電：「打電話問平安，怎麼不接電話？」我苦笑地回答：「地震這麼大，我怎敢回屋接電話？！」

　　年輕時，我喜歡登山露營，民國 70 年代是登山高峰期，曾攀登三十多座 3000 公尺以上百岳高山，有次登奇萊主峰、北峰回家，父親看我一身疲憊，說我「沒事找罪受」，當年正熱衷登山，雖身體疲累，但內心卻十分歡喜。一個朋友有「懼高症」，有次，我們一起到雁蕩山旅遊，途中有段沿山壁騰空架設的透明步道，大夥雖多少有點害怕，都順利走過，他卻一步也不敢走，好不容易在你牽我扶、半拉半推的情況下，才臉色發白、手腳發軟的走過大約只有 30 公尺長的步道。朋友 M 小姐有個奇怪的毛病——不敢過橋，不管搭車、騎車或步行，碰到橋就轉彎，真的非過橋不可，都嚇得臉色發白，朋友往往笑她：「不

過是座橋，有什麼好怕的！」她總是無言以對。

　　時常聽到政治人物說「感同身受」；時常有專家學者告訴大家要有同理心。我是國立臺灣師範大學教育心理系畢業，老師們當然會教導我們，做個諮商輔導員一定要有同理心，但老實說，我真的認為許多政治人物、專家學者只是把「感同身受」、同理心掛在嘴上，敷衍敷衍民眾。除非歷經相同情況，世界上很難有「感同身受」這回事！

　　世界衛生組織（WHO）正式公布預測，21 世紀影響全球最嚴重的三大疾病，將是心血管疾病、憂鬱症、愛滋病，2019 年，全球已有超過 3 億 5 千萬人受憂鬱症（Depression）及焦慮症（Anxiety disorder）困擾，臺灣則有超過 200 萬人受憂鬱症所苦。

　　我有位朋友是高職老師，先生是公營事業經理，兒子是醫生，女兒是公務員，家庭狀況眾人皆羨，但這位老師卻過得不快樂，幾年前，聽說她罹患飛蚊症，不久竟然自殺身亡，同事才知道她深受憂鬱症之苦，最後以自殺結束生命。另一憂鬱症的朋友，兩夫妻是老師，兒子、女兒都是名校博士、電子業新貴，月薪十萬元以上，但喜歡鑽牛角尖，引發憂鬱症的主因竟然是頭髮太少。

　　2020 年 6 月上映的影片《最瘋狂的旅程》（Come as you are），一位失婚女司機幫助三位不同膚色的年輕男性「身心障礙者」展開漫長旅程，一圓初次性行為的夢，在看似無厘頭的笑鬧間，卻潛藏許多哲理。影片中連父母都無法體會子女的心，真正知道孩子的需要，遑論一般人。「同理心」看似簡單，其

實難上加難。

　　根據歐美流行病學統計，脊髓損傷的發生率約為總人口數的千分之一，若依此數據評估，臺灣地區的脊髓損傷人數至少超過兩萬三千人，長期躺在床上，生活無法自理，只有45度的天空，沒經歷這種生活，怎知道脊髓損傷病人的痛苦？！前立委楊玉欣19歲時罹患罕見疾病「三好氏遠端肌肉無力症」，她不諱言自己的疾病從發病那一刻起，就在持續不可逆的惡化中。有人問她：「為何輕言放棄生命？」，她說：「沒生病的人永遠無法了解」！

　　報載一位受高等教育的女強人，害怕肝癌末期的母親成癮，堅持不讓母親使用嗎啡止痛，不堪疼痛折磨的母親，最後跳樓解脫。

　　根據統計，80% 以上的癌症末期病人都會有疼痛症狀。臺北市立聯合醫院血液腫瘤科醫師周益聖表示，「愈到癌症晚期，癌痛的比例會越高，疼痛感愈嚴重。」劇烈且持續時間比較長的疼痛，會導致非常緊張、焦慮、失眠、憂鬱、情緒低落、絕望，嚴重影響癌症患者的生活品質，甚至痛不欲生。

　　不是癌末病人，無法體會病人的痛；不是憂鬱症患者，不知道憂鬱症患者的痛苦；不是當事人，不了解當事人的痛苦、挫折、折磨、憤怒、無奈、無助、徬徨、害怕……。

　　只有自己知道自己需要什麼，了解自己究竟想要的是什麼，生命列車一路奔馳，真正能決定個人生命列車去向的不是醫生、親友、專家學者等，掌握權在自己手中！

一路醫到掛

　　中國大陸社科院生命倫理學家邱仁宗說：「生物醫學技術的進步，救活了許多本來要死亡的病人，同時也延長了許多臨終病人的生命。這種延長是『延長生命』，還是『延長死亡』？如果是『延長死亡』，這種延長是否應該？如果不應該，那又應該怎麼辦？」好一個大哉問！

　　醫師與病患是一起與病魔拚搏的戰友，他們共同的敵人是「疾病」！與病魔拚戰有贏有輸，但痊癒並不是生命唯一的目標。存在主義思想家海德格（M. Heidegger）說：「人是一種奔向死亡的存在。」，接受人終究無法永遠活下去，死亡不再是一種失敗，而是自然的選擇，才能真正學會如何無懼的活著、平靜的死亡。

　　無效醫療（futile medical care），意思指在沒有希望可以改善病患狀況下，仍然堅持進行的醫療行為。美國醫學協會（American Medical Association）將無效醫療定義為：當治療病人時，若醫療服務可能只是延長其末期的死亡過程時，之後的處置也應被視為無效。

　　臺灣擁有世界第一的加護病床密度，長期靠呼吸器維生的人數，是美國的 5.8 倍，臨終前無效醫療，一年耗費高達 1600多億。許多重症病患因為臨終前家屬不願意放手，導致病人

必須承擔維生儀器帶來的折磨和痛苦，無法有尊嚴的離開。對家屬而言是長期折磨，對醫護人員而言徒增無力感，健康照護支出對病患家庭、國家的財政負擔更是不堪負荷。另有一項統計，加護病房大約有17%的病床，使用在臨終前的無效醫療。其實如果醫療無法使病情好轉、減低痛苦，就如同在干擾病患自然善終。

　　臺灣醫療改革基金會於2014年12月11日召開「向無效醫療說 STOP」記者會，公布民調指出，86%民眾希望生命末期能尊嚴善終，不要無效醫療苦痛拖磨。學者田立克有句名言：「不計一切代價去努力延長病人死亡的時間，是一種殘酷的仁慈。」，英國、紐西蘭、澳洲等這些生命末期照顧良好的國家，醫療人員受到國家的保障，醫生會以最大的利益來考量，不必理會病人家屬無理的醫療要求。比照臺灣層出不窮的醫療糾紛，英國、紐澳等國家的做法值得臺灣借鏡！

　　2013 年張毅進行心導管手術，其後陸續進行 3 次心臟手術，2020 年 2 月起，身體各器官輪流感染，不停進出醫院，10月底住進加護病房。楊惠姍說「全身插滿管子及針劑，兩臂已經找不到可以打針的地方，發著高燒、咳著血，無法細數的各種疾狀。」2013 年到 2020 年，張毅歷經 7 年多的醫療、折磨，究竟是對是錯？！

　　2020 年 10 月 31 日，金馬獎大導演、琉璃創作藝術大師張毅結束絢麗精彩的一生。張毅可以依個人想法拍戲，可以依個人喜好創作琉璃……但終究不能依個人意願決定死亡！

　　2020 年 7 月 30 日，前總統李登輝去世，從 2 月 8 日入住

加護病房到去世——174 天、4976 小時、244560 分、14673600 秒！李登輝是快活？還是折磨？曾文惠女士說「別讓他老人家痛苦」道盡一切！

2017 年 3 月 8 日，前副總統李元簇辭世，醫療團隊執行長莊繼光表示，「爺爺」洗腎多年，他自知年事已高，曾拔胃管表明拒絕插管、急救，選擇尊嚴離世。

1996 年，李元簇卸任後定居苗栗頭份，由重光醫院執行長莊繼光長期領導醫療團隊，負責照料李元簇健康狀況。2010 年 4 月起，每週一、三、五定期到醫院洗腎，隨著年歲增加，器官功能退化，進食出現困難，身體也日漸虛弱。根據前任李宅總管陳進丁說法，2016 年下半年，李元簇出現吞嚥困難，醫療團隊及家人都建議裝鼻胃管協助進食，被他拒絕，當時雖告知長期無法正常進食的嚴重性，李元簇仍毅然堅持說「知道，我自己負責」。表明不願插管、急救，這段時間「家人只能陪伴」。

李元簇體力、健康明顯惡化後，醫療團隊曾在病榻幫他插胃管，並利用洗腎時注射營養針，後來發現李元簇自行拔掉胃管，還在床頭貼了「不要幫我插鼻胃管」的紙條，並署名「李元簇」。

2017 年 3 月 8 日凌晨 4 時 15 分，李元簇安詳辭世，用他堅持的方式尊嚴離開。

臺灣約有 50 萬名長輩，插著鼻胃管餵食三餐，靠氣切管呼吸，以尿管、尿布處理排泄物，甚至躺在床上無法行動、無法溝通言語，一直到往生。過度的維生醫療，如化療、洗腎只是讓病人留下一口氣，根本沒有治癒效果，靠機器加工維生延命，

如此缺乏尊嚴的生活，難道是病患需要的；難道是所謂的孝順？！

　　前臺大醫院創傷醫學部主任柯文哲說：「人工延長患者生命，卻不一定是有意義的生命。研究發現，急診患者死亡當天，逾半數還在抽血、照 X 光、洗腎、強心針等一連串醫療處置，統計死者生前一個月的醫療花費高達 28 萬元。急診常見患者全身腫脹、四肢發黑，心臟還在跳，這時候急救也不見得會活。」

　　根據臺大醫院統計一百多名緊急心肺復甦患者發現，使用葉克膜救活病患成功率僅 26%，每人花費 475 萬元，平均只能延長 30 條生命。這類救護很多都是「無效醫療」，患者多活一個月，卻不見得能善終。

　　衛福部統計，安寧條例於 2000 年上路，至 2020 年 10 月底，健保 IC 卡的安寧醫療註記人數為 72.5 萬人。條例已通過 20 年，人數還沒破百萬，原因之一是國人一向忌諱談論死亡，有些人心有罣礙，認為簽署預立安寧緩和醫療意願書會「一語成讖」。

　　醫改會董事長劉梅君認為，面對生死善終關卡，徬徨無助的病家不知如何放手。加上生死關頭的病情討論常發生「醫病溝通落差」，以致讓末期病人不明就裡地服用「死亡套餐」，插管、洗腎、強心針……一路搶救到掛。

　　醫改會呼籲健保署製作衛教影片，協助病家了解無效醫療的真相，讓家屬坦然且安心的放手，還給病人尊嚴善終的基本人權——以自己想要的方式活著，讓家人免於陷入兩難的決定與折磨，甚至避免親人因立場不同而爭執，讓醫護人員無所顧

忌放心地全力救治，到極限時可以釋然地放手。

　　陳秀丹醫師在《向殘酷的仁慈說再見》書中說，「延長死亡時間只會給病人帶來痛苦，這絕對不是病人所希望的」。

病人拖‧家人累

　　無疾而終是多少人羨慕的死亡！

　　衛福部於 2020 年 6 月 28 日公布最新「國人健康平均餘命」統計，2018 年的零歲平均餘命（即平均壽命）為 80.69 歲，健康餘命達 72.28 歲，但「不健康生存年數」長達 8.41 年，創下史上新高紀錄。

　　現代醫療科技進步，除了少數人戰死沙場、意外身亡等，多數人在生命末期或多或少要遭受身、心、靈的折磨。身體孱弱不堪，承受刺骨椎心疼痛、呼吸困難、睡眠困擾、口乾舌燥……；心理要承受憂鬱焦慮、恐懼死亡、煩惱徬徨、恐慌無助……；還得面臨經濟困難、需人照顧、心願未了、成為家人的負擔、喪失尊嚴、不捨、不甘願……。因此，在生命末期，不少病患有「早死早投胎」、「快死快解脫」的念頭，希望好好走完人生最後一程。

　　以往我們說「好死不如賴活」；以往我們以「吃百二」祝福別人……，如果活得不夠老，就好像做了什麼傷天害理的事。於是，明知親人的病無藥可救，但也許擔心鄰居的冷言冷語；也許怕親友批評；或許承受不了社會的壓力……不少人費盡心力，與死神搏鬥，為了拖延生命，病人身上插滿各式各樣的管——氣管內管、胸管、鼻胃管、導尿管……，吃喝拉撒樣樣無

法自主,任人擺佈……身陷「生不如死」的狀態。這種沒有尊嚴的活,縱使活上幾十年,到底意義何在?

　　一般情況而言,當家中有人重病,家人會優先變成主要照顧者,多種身、心負擔隨之而來——醫療費用、生活方式改變、照顧病患的壓力、家人的往生、手足間的溝通。對臨終患者的家屬來說,不確定家人生命的終點,基本上打亂了原本正常的生活。

　　朋友 M 的母親,雖然高齡,但生活能夠自理,長子在越南經商,不克照顧母親,商請弟弟照顧。最初,小弟媳與婆婆關係不錯,經常一起逛街、喝下午茶、瞎拚……讓大家羨慕不已。不久,婆媳不知何故,發生重大摩擦,M 的弟弟在母親與老婆間,選擇老婆,一走了之,從此不見人影,連父親去世都沒回家弔祭。

　　照顧母親的工作改為 M 承擔,M 下班後,就得趕回娘家幫忙,M 的先生反倒成為獨居老人,每次到他家,他總是一堆牢騷,不斷訴苦。我開玩笑說:「誰叫你不爭氣,留在老婆家附近,有本事搬到國外,啥事都不用做,只管打嘴砲!」。

　　M 忙著照顧母親,忽略先生的感受,任由先生「野放」,先生經常悶悶不樂,三餐草草解決,粽子、冷凍水餃是主食;有時泡麵;有時吃便當,長期飲食不健康,加上心情鬱卒,不到 70 歲就往生,比 M 的母親還早去世。

　　同事 L 老師的公公,高齡 80 多歲,還「性趣」十足,幾個外籍看護都不堪騷擾去職。身為媳婦,又與公婆家同在一地,上班、上課還有理由不去公婆家,下班後理所當然要回家報到。

　　L 準備退休時，再三叮嚀先生，絕對不可和親人洩露退休的事。

　　另有一位 C 老師，婆婆長期臥病又有老年躁鬱症，C 老師的先生是家中長子，經常要載 C 老師從彰化駕車到新竹老家，照顧母親。母親只要一、兩天沒看到長子，就猛打電話催。

　　我們戲稱 C 老師是「臺灣阿信」，任勞任怨照顧婆婆十幾年，卻經常被婆婆罵到臭頭，長期身心疲累，差點也得憂鬱症。直到婆婆去世，C 老師才能喘口氣，恢復平常生活。

　　相較臺灣長者離世前臥床 8～10 年，北歐長者臥床時間大約只有 2 個星期，北歐各國政府不談照顧計畫，不計算臥床時間，而是談生活目標，計算復能時間。他們認為與其把大量資源放在讓後端的醫療照顧更加完善，不如致力發展前期的多元社會參與和個人化生活支持。

　　丹麥政府強調如何建立適當的支持環境和體系，強化個人自主照顧的觀念，讓每個人能在自己所選擇的居住地，擁有獨立自主和有尊嚴的生活。

　　朋友是家中長孫，從小深受阿嬤喜愛，好吃的東西，阿嬤捨不得吃，留給他吃；好東西捨不得用，留給他用，還不時塞錢給他零用。阿嬤久病去世，朋友沒痛哭流涕，阿嬤的親友、鄰居都指責他「不孝！」。朋友背負不孝罪名，也不和親友爭辯。有次他和我提到阿嬤久病臥床的情況——雖然請了外籍看護，但看護照顧阿嬤敷衍了事，有人在旁時，就賣力表現；如沒人注意，就隨隨便便，甚至出手粗野。由於看護沒有定時幫阿嬤翻身，阿嬤長期臥床生褥瘡，又癢又痛，經常哀聲叫痛，每次他回老家探視阿嬤，都心痛不已，阿嬤去世給他的感覺是她總算解脫了。

　　長痛不如短痛；短痛不如不痛！

有錢可使鬼推磨

　　中國湖南省沅江市司法機關於 2015 年查辦一起慢性骨髓性白血病（大陸名：慢性粒細胞性白血病）患者陸勇，為他人代購印度仿製藥的案件，最終沅江市人民檢察院撤訴結案。2018 年中國電影票房最高的《我不是藥神》，就是改編自陸勇的真人真事。

　　陸勇於 34 歲時，罹患慢性骨髓性白血病，從此靠藥物維生，兩年抗癌藥就花掉 56.4 萬元人民幣，雖然是無錫市一家針織品出口企業的老闆，但還是無法負擔龐大醫藥費。他花了好大功夫找到一種印度的仿製藥，並把這種藥效相近，但價格只有正廠製藥不到一成的藥介紹給病友，「人怕出名」，名聲愈傳愈大，引起檢調單位注意，被以「涉嫌妨礙信用卡管理和銷售假藥罪」拘捕，消息傳出後，陸勇的遭遇得到許多人同情，千餘名癌症患者聯名聲援，在看守所關了 135 天後，2015 年 2 月沅江市人民檢察院決定不起訴陸勇而結案。

　　《我不是藥神》不但呈現大陸癌症患者「有病沒錢醫，有藥沒錢吃」的普遍現象，其實也正是臺灣不少窮人的寫照。有研究指出，臺灣瀕死病人死前 6 個月的醫療花費高達 25 萬元，是一般人 14 年的醫療支出。

　　近鄰 L 老師是國家級排球教練，多年前罹患口腔癌，開刀

治療後，依靠插管灌食維生，L 老師的妻子告訴我，先生經營體育用品社生意失敗，退休金都賠進去了，兩年花掉兩百多萬的治療費，不但把老本吃光，連孩子都被拖累，日子過得十分艱苦。活生生印證《我不是藥神》影片中老奶奶的話：「房子吃沒了，家人被我吃垮了。」

臺灣號稱擁有世界一流的健保，但真正罹患重症，還是有一堆得自費負擔的醫療費，不少人都說醫生喜歡建議病患選擇自費的醫藥用品，許多人對個中理由也心知肚明，但擔心沒接受醫生的建議，會影響醫生情緒及醫療品質，不少人只好硬著頭皮選擇自費藥品。

有個朋友白內障手術，聽醫生建議選擇自費 6 萬元的人工水晶體，原以為開刀後就可恢復「火眼金睛」，換了昂貴的人工水晶體，結果卻依然「視茫茫、霧煞煞」。另一朋友右肩韌帶破裂，醫生說健保給付的縫合固定錨釘效果較差，友人聽醫生的再三「開示」，決定花錢消災，這一來自費負擔就超過 10 萬元。我們痛恨「衙門八字開，有理無錢莫進來」，但我們卻只能忍受「醫院大門八字開，有病無錢莫進來」！

根據衛福部中央健康保險署 2019 年 2 月統計，腦中風病人住院日起 180 天的平均住院醫療費用達 19 萬元。

一般家庭每個月平均 3 萬多元的醫療開銷，勉強還撐得過去，出院後的居家照護才是麻煩的開始，輕症中風者行動雖不便，但照護較簡單；無法自理生活者，就令人頭痛了，有些是「老老照護」，心有餘力不足；有些則是家人辭職專門照顧，影響家庭收入；臺灣本地的看護一天（24 小時）大約收費在 2000

元以上，一個月 6 萬元、一年 72 萬元，沒幾個家庭禁得起如此燒錢，就算請外籍看護，每月也要增加 2 萬元以上的開銷。

　　有些人會從金錢的角度看安樂死合法，事實上，窮人沒錢接受先進、昂貴的醫療，死得快，比較沒有長期臥病的問題；「有錢可使鬼推磨」富人有的是鈔票，可以嘗試各種治療方法，久病不癒的情況比比皆是。

　　金錢當然是部分人贊成安樂死的原因，多數人贊成安樂死的理由，主要是不忍病人身、心、靈的多重折磨，家人跟著受累、受苦等。目前的臺灣，愈是有錢有勢的人，愈無法善終。令人扼腕的是，掌握國家機器，能決定讓安樂死合法的大都是這些人！

醫「生」不醫「死」

　　醫界是反對安樂死合法化的主力部隊之一，世界醫師協會（World Medical Association，WMA）及不少國家的醫師協會，對安樂死抱持猶豫與反對的態度。WMA 甚至在 2019 年的年會中，再次強調反對安樂死的立場。

　　千萬年來，疾病與人類纏鬥不休，醫生面對頑強的疾病，研發各種治病療傷方法，解除病痛、挽救生命，是一個高尚的職業，值得尊敬、信任。但我們把健康交給醫生，視醫生為健康的守護神，也讓醫生承擔了太多無法承擔，也不該承擔的責任。面對病人死亡，更是醫生最大的負擔、壓力，既然叫醫「生」，當然不能把病人醫「死」！

　　醫師在踏足醫療領域時，對自己的職業認同就是「拯救患者」，實際上卻無法事事如願，總有事與願違的時候，醫生不但無法治好每個病人，甚至醫治不好自己的疾病，名醫對自己罹患的疾病，束手無策的現象不勝枚舉。

　　雙和醫院血液腫瘤科蘇勇誠醫師罹患胸腔壁罕見腫瘤，曾感嘆地對學妹說：「學妹，你知道我救了這麼多病人，從來沒有求過什麼，現在想求個多一點時間，（活下去）都好難！」救人無數卻救不了自己，蘇勇誠 44 歲去世。

　　前台南奇美醫院住院醫師蔡伯羌 2009 年因心肌梗塞昏

倒，雖然及時搶救，卻因傷及腦部額葉，以往「走路有風」的外科醫生，智商退化成 5 歲孩童。

　　2017 年 7 月 9 日，江西省新余市人民醫院骨科一名醫生劉輝猝死，大陸首屈一指的北京大學醫學博士畢業，年僅 32 歲。2017 年 10 月，大陸 3 位名醫在 6 天內相繼逝世——山東泰山醫學院 42 歲的蔡國棟醫生猝死於手術台旁。3 天後，天津總醫院神經外科的李迺昕醫生心臟病發作猝死，得年 45 歲。僅隔兩天，上海龍華醫院消化科主治醫師柳文，不幸逝世。6 天內死了 3 個名醫，讓大陸各界震驚不已。

　　2019 年底新冠疫情爆發後，敘利亞醫療體系瀕臨崩塌，當地口罩、手套等防疫物資短缺，賈辛醫生仍堅守前線，教導同僚與病患如何正確防疫，然而賈辛卻不幸感染新冠病毒，數日後病情加重，緊急送入加護病房，不過入住一天，賈辛便離開人世。

　　醫生雖然擁有治病的醫術，但是疾病有千萬種，處理好一種疾病，還得應付一大堆疾病，本來就已夠棘手了，加上病毒可演化出抗藥性，還會隨環境、寄主身體狀況等改變，醫生雖有百般功夫，還是不能完全控制疾病。縱使如此，多數醫生還是不願接受醫療的侷限性，無法接受安樂死。醫界人士認為安樂死合法給醫生過多的殺人權利，會破壞患者對醫療事業的信任，阻止醫學研究的進步，安樂死合法化否認了生命的存在意義，改變了公眾良知。醫師的天職是拯救患者，由醫師執行安樂死，將使他們承受無比的壓力。

　　不願向病魔投降，是醫生反對安樂死的原因之一，

安樂死可能違反醫療倫理是其二。醫學倫理廣義地說，泛指發生在醫療過程中，存在於醫療照護人員、病人、家屬及整個社會之間，與道德價值判斷相關的所有議題。醫學倫理涵蓋尊重自主原則（The principle of respect for autonomy）、不傷害原則（The principle of nonmaleficence）、利益病患原則（The principle of beneficence）、公平正義原則，對一般人來說蠻複雜的，簡單地說，對患者而言，安樂死合法會破壞醫病關係的信賴度。

醫界反對安樂死合法還有一個「不足為外人道也」的秘密──病人死亡前的錢最好賺。著名消化病專家、中國工程院院士樊代明說的好：「老百姓一輩子存了那麼點錢，都在最後半年被花光了。」根據一項研究統計，久病患者死前1、4、11 天的平均醫療費用佔醫療總花費的 2.34%、1.64%、1.10%，證實病人愈接近死亡日，醫療費用愈高。再看看如雨後春筍般林立的安養中心，幾乎都把入住者當作「搖錢樹」，只要人不死，就有錢進來。臺灣的養老院每月收費 25,000～30,000 元、長照中心每月收費 30,000～50,000 元、護理之家 37,000～55,000 元。瞧瞧巍峨壯觀的醫院、外觀漂亮的安養中心，經營者怎會看著大把鈔票流入外人田，贊成安樂死合法？！

日本十分火紅的電視連續劇《阿信》，劇本是人氣名編劇橋田壽賀子參照八佰伴創業史改編而成。橋田壽賀子女士 91 歲時，在 2016 年 12 月號《文藝春秋》刊登〈我想用安樂死結束自己的人生〉，引起社會極大迴響。

　　2018 年 8 月，大塊文化出版橋田壽賀子的著作《請讓我安詳、快樂的死》。橋田壽賀子積極展開她的「終活計畫」，並從生命經驗出發，提出對於安樂死的想法。「人的尊嚴是什麼？要怎麼死，在什麼時候死，難道這些真的不能自己決定嗎？」

　　法國電影《最後一堂課》改編自諾愛拉夏特雷（Noelle Chatelet）的暢銷著作《那就 10 月 17 日吧！》，描述法國人權鬥士蜜海兒爭取善終權的故事，也帶領觀眾探討人們都必經、且最終需面對的「學習死亡」議題。

　　諾愛拉的母親是死亡尊嚴權利協會的成員蜜海兒喬斯潘，哥哥是法國前總理李歐奈爾喬斯潘。蜜海兒 92 歲高齡時，選擇在家中結束生命。

　　基於醫療倫理考量，醫生不願執行安樂死，美國哲學家

Michael Tooley 於 2005 年提出一個兩全其美的方案：開放安樂死，但是不交由醫師執行，而是由受過相關訓練的專家來執行。他認為，執行安樂死需要專業訓練，但是醫師養成並不包含此訓練。因此，讓專門訓練的專家來執行安樂死，一來可以避開醫師的醫療倫理考量，二來，配合嚴謹的配套措施，讓具有相關專業者來執行。

　　2014.11.26《商業週刊》1411 期刊登馬偕院長楊育正罹癌後的告白──「我們都應有充分的生存權利並尊重生命，但在只有痛苦、沒有生活的時候，我們究竟有沒有選擇死亡的權利？」

　　生命有盡頭，醫藥有侷限，所有人包含醫生在內，只有真正面對死亡，才會想到生命的意義。面對死亡有許多種選擇，安樂死只是其中一種選擇，親人、朋友、同學，甚至醫生、社工師、宗教師……都無法為他人下決定，只有自己才能決定個人如何善終！

　　聖嚴法師說：「面對煩惱時，要清楚辨知煩惱的緣起，然後面對它、接受它、處理它、放下它。」，面對死亡，應作如是觀。安樂死需要一個理性討論空間，讓我們一起面對、處理！

轉個彎就陽光燦爛──解脫

宗教界是反對安樂死合法的重砲部隊！

一般人對宗教界人士都頗為尊崇，信徒對法師、神父、傳教士、道長、長老等神職人員更是唯唯諾諾，不敢造次，唯恐惹惱他們，會有不好的報應。本文不談道理，看看一些故事吧！

第 263 任天主教教宗若望保祿一世，於 1978 年 8 月 26 日在第四輪投票中獲選為教宗。若望保祿一世和藹可親、面帶微笑、慈祥善良，被教徒稱為「微笑教宗」（Il Papa del sorriso）和「天主的微笑」（God's smile）。但擔任教宗僅僅 33 天的時間，1978 年 9 月 29 日，若望保祿一世去世了。梵蒂岡發布聲明說 66 歲的教宗可能因心臟病突發而逝世。

接任的若望保祿二世，於 1978 年 10 月 16 日被選為教宗，是第一位波蘭裔及斯拉夫裔教宗，也是自 1522 年哈德良六世離世後 456 年來第一位非義大利人出身的教宗。1992 年，若望保祿二世從大腸移除了一個腫瘤，1994 年肩膀脫臼，1996 年切除了盲腸。2001 年罹患帕金森氏症，說話困難，且聽力也有障礙。

2005 年 3 月 31 日，教宗出現「尿道感染引起的高熱」，次日病況急劇惡化，心、腎迅速衰竭。為治療高熱，通過鼻孔接上第二條進食管，幫助營養攝取。當日早晨，報導指出教宗出現心肌梗塞，晚 20 時 20 分，教宗因敗血症和血崩逝世。

2012 年 7 月 31 日，樞機主教單國璽以「掏空自己、返老還童、登峰聖山」為題，在天主教教友週報，寫下病中感言。單國璽說：「由高雄轉到台北耕莘醫院後，因為兩天沒有大便，吃一些瀉藥，半夜藥性發作，便叫醒熟睡的男看護攙扶去入廁。剛進入化粧室，還未到馬桶前，糞便不自禁地撒在地板上。」

「當時男看護不小心踏上一堆糞便，滿腹不高興，一邊用水沖洗，一邊抱怨。他將我弄髒的睡衣脫下，讓我赤裸裸地坐在馬桶上，用水沖洗我兩腿上的糞便，同時如同大人訓斥小孩子一樣，教訓我這個九旬老翁：『離馬桶兩三步，你都忍不住！給我添這麼多麻煩！』。」單國璽寫道：「這時我感覺自己好似剛滿週歲的小孩子，無言以對。他的每句話猶如利刃，將我九十年養成的自尊、維護的榮譽、頭銜、地位、權威、尊嚴等一層層地剝掉了。」

法鼓山創辦人聖嚴法師曾因左腎惡性腫瘤將左腎摘除，2005 年前右腎功能嚴重鈣化惡化並引發貧血，一度住院治療，此後固定每週洗腎 3 次。聖嚴法師說：「2005 年 9 月 16 日第一次洗腎的經驗非常難受，在那兩小時，我全身動彈不得，就如僵屍一般。洗完腎後，一是發冷，一是僵硬，幾乎身上每一吋肌肉都是僵硬的……那種痛，痛得讓我想打滾，如果我能夠打滾，我會在地上打滾的。」。

2008 年 12 月 31 日，聖嚴法師身體不適住院，發現罹患多發性肝癌，最後陷入肝昏迷，併發感染引發敗血性休克，病情急轉直下，2009 年 2 月 3 日辭世

定居在南投縣草屯鎮的第 64 代「張天師」張源先，於 2008

年 10 月 17 日因肝疾過世，過世後，全台竟冒出 5 名自稱正統的張天師，甚至互相訴訟、謾罵，一場天師大鬥法的戲碼真實上演。

當弟子、信徒為病痛折磨、為俗事煩心時，我們希望聽到的不是「自己造業自己受」，而是信仰的神明伸出援手，幫助我們離苦得樂！

雜阿含經 47 卷有段故事，跋迦梨比丘和闡陀比丘因為「疾病困苦、委積床褥」，長期臥病在床，都想及早了卻殘生，以便徹底擺脫疾病的痛患。

佛陀在跋迦梨比丘的病榻說：「若無常、苦者是變易法，於中寧有可貪、可欲不？」跋迦梨回答：「不也，世尊！」。第二天清晨，跋迦梨尊者對侍病者說：「汝等持繩床，共舉我身，著精捨外，我欲執刀自殺，不樂久生。」。當尊者闡陀「極患苦痛，難可堪忍」，準備「執刀自殺，不樂苦活」時，尊者舍利弗、拘絺羅極力勸阻闡陀比丘：「尊者闡陀！汝當努力，莫自傷害！若汝在世，我當與汝來往周旋；汝若有乏，我當給汝如法湯藥；汝若無看病人，我當看汝，必令適意，非不適意。」但闡陀比丘回答說：「我有供養，那羅聚落諸婆羅門長者悉見看視，衣被、飲食、臥具、湯藥無所乏少；自有弟子修梵行者隨意瞻視，非不適意。但我疾病苦痛逼身，難可堪忍，唯欲自殺，不樂苦生。」

宋代性空禪師年紀大了，當眾宣佈要坐在水盆中逐波而化，他人坐在盆中，盆底下留下一個洞，口中吹著橫笛，在悠揚的笛聲中，隨波逐流而水化，被傳為一段佛門佳話。

　　羅馬人艾格尼絲（Agnes of Rome），是基督教敬奉的童貞女及殉道者。傳說艾格尼絲貌美，約 13 歲時自稱除了耶穌以外別無所愛，矢志不嫁。求婚者不得逞而揭發她信基督教，當局把她投入娼門作為懲罰。嫖客懾於她的正氣不敢侵犯她，有一人企圖侵犯她立即雙目失明。羅馬皇帝戴克里先迫害基督徒時期艾格尼絲以身殉教。

　　2011 年好友 K 罹患肺癌，我到醫院探視他，雖然當場喘個不停、呼吸急促困難，但他不停地喃喃自語「上帝愛我！上帝愛我……」，希望所信仰的神快點帶他走。他的妻子不忍看先生身心受盡折磨，也希望他早日脫離病苦，「塵歸塵、土歸土、上帝歸上帝、撒旦的歸撒旦」。

　　另一好友確知罹癌，只剩幾個月生命後，親友帶著她四處求神問卜，幾乎跑遍全台各著名寺廟、道觀，慷慨捐錢佈施、供養，也嘗試各種另類民俗療法，有了眾神加被、護持及各方神醫的妙方，應該平安無事吧，結果還是和人生「Say good bye！」。

　　無論是哪個宗教，我相信所有神明都不希望祂的子民受苦！都不希望祂的子民被病痛折磨！

　　有些人會以「加工殺人」的理由反對安樂死合法，但如以另一種角度思考──以安樂死幫助一個分分秒秒疼痛不堪、痛不欲生的病人解除苦痛，尊嚴走完人生最後一段路。難道不是各宗教一致奉行的「為人民排憂解難」嗎？難道不是宗教領袖大聲呼籲的生命尊嚴圓滿嗎？

　　轉個彎就陽光燦爛；轉個念，安樂死何嘗不是一種離苦得樂的解脫？！

昔日的五倫，如今安在哉？

　　五倫為儒家倫理原則的五種德目，一般指君臣、父子、夫婦、兄弟、朋友等人與人間合宜的相處關係。父子有親，君臣有義，夫婦有別，長幼有序，朋友有信的五倫原則，撇開現在已沒有的君臣關係不說，這些在古代理所當然的事，如今在臺灣幾乎已成天方夜譚，「父不父，子不子」、兄弟鬩牆、長幼不分、誠信破產……的事比比皆是。

　　另一種五倫──天、地、君、親、師形成於荀子一書，五倫依地位高低排列，是百姓敬佩景仰的。如今不少人不怕天、不怕地，連神明都騙，遑論排名第 5 的師。以往春風化雨、地位崇高的老師，在臺灣部分政治人物有計畫的汙衊下，竟然被抹黑成貪婪的「米蟲」，遭到不明究裡的民眾謾罵，及政府的無情追殺，尊師重道淪為一句騙人的口號。

　　從秦始皇到清朝滅亡，皇帝有三宮六院三千佳麗不足為奇；王公諸侯、文官武將、騷人墨客……妻妾成群司空見慣，連平民百姓也不乏一夫多妻，2 千多年的中國歷史，一夫多妻是合乎倫理的。1985 年中華民國民法的第 985 和 988 條，正式規定有重婚罪，一夫多妻才會被追究重婚罪的。而在一些伊斯蘭教國家與穆斯林為主的地區，屬於「平妻制」的一夫多妻仍是官方合法的婚姻形式。

臺灣通姦除罪化後，過去還躲躲藏藏的小三、小王，在法律保護傘下，大大方方露面，一夫一妻的倫理已被擺進冷凍庫了！

過去，同性戀被認為違反動物「異性相吸」天性，同性結婚被視為敗壞天理，在臺灣幾乎是千夫所指，2019 年 5 月 24 日中華民國同性婚姻合法化，成為世界第 27 個承認同性婚姻的國家，過去不倫的同性結婚，成為合乎倫理的事。

日本作家深澤七郎於 1956 年在《中央公論》雜誌 11 月號發表《楢山節考》，敘述日本古代信濃國（今長野縣）寒村的山林內棄老傳說，因為村民很貧窮，為了節約糧食，讓年幼的小孩能活下來，這裡的老人活到 70 歲時，家裡長子就會把老人背到村子附近的楢山上，讓他們自生自滅。小說在 1983 年改編成電影，獲得坎城影展金棕櫚獎。引發各界熱烈討論日本古代的「棄老風俗」。

根據學者研究發現，從中美洲到歐洲、亞洲，都有「棄老」的習俗。中國古代很多文獻中都有「貴壯賤老」的明文記載。「匈奴……壯者食其肥，老者飲食其餘。貴壯健，賤老弱。」（《漢書・匈奴傳》第 64 回），「百姓丁壯者驅之以歸，羸老者咸殺之，或斷手鑿目，棄之而去。」（《舊唐書・吐蕃傳》）。

西班牙木爾西亞有棄老罐、蘇格蘭奧克尼群島的年邁老人會被扔在石井中、特製石屋下；澳大利亞霍克山國家公園有個拋棄老人的「老人洞穴」；愛斯基摩人將老人放在小舟漂流大海；日本的「姨舍山」、韓國的「高麗葬」棄老山、印度的棄老國，都流傳棄老的相關事證。

　　大陸學者潘世東於 2004 年發表《漢水流域『寄死窯』大文化觀系統闡釋》，其中有段話：「世界各地的棄老風俗應該都是如此原因——『寄死窯』昭示的是一種最世俗、也最崇高的死亡觀……終極目的是為了減輕後輩負擔，保持後輩和民族國家的綿延久遠、興旺發達」。

　　很多習俗的道德性是後人附加上的，「寄死窯」不合乎現代倫理，但在當年漢水流域，當地人對這種習俗習以為常，「寄死窯」不是野蠻落後，也不是惡俗不孝，根本無關倫理，在當年，它所顯示的是一種最自然、最理性、最世俗、最崇高的死亡觀。

　　生命的法則很簡單，貧困和飢餓使人們建立了最樸素的生命觀——糧食即是生命。生之難，死之易，在絕境中，讓族群傳下去，讓年輕人活下去是唯一的人生目的，是最大的道德法則。我有一個社區大學的學生，喜歡把「養兒防老」掛在嘴上，有一次，我提出一個假設性問題——如果家裡有你、你兒子、你孫子 3 口人，但糧食只勉強夠 2 人吃，誰不吃？他立刻回答：「當然是我不吃！」。

　　安樂死合法化的爭論，紛紛擾擾數百年，2000 年 11 月 28 日，荷蘭眾議院通過安樂死以及醫師助死法案，2001 年 4 月 10 日參議院通過安樂死合法化，敲開安樂死合法的第一扇門，此後，比利時、盧森堡、瑞士、加拿大、紐西蘭等國家陸續加入安樂死合法的行列。2020 年 12 月 17 日，在天主教徒占大多數的西班牙，天主教官方立場嚴禁自殺的西班牙，國會通過安樂死法案，對安樂死合法化更是一劑強心針。

　　約定俗成、因地制宜、與時俱進……倫理絕不是一成不變的。過去，世界各地的棄老習俗，被棄養的老人是沒法抗拒的；但安樂死卻是在嚴謹的法律規範下，由個人自由意志決定，隨著人們觀念改變，也許，未來安樂死會成為舉世公認的倫理！

究竟要輸到何時？！

　　古今中外有一堆罵人、詛咒的話，最惡毒的莫過於「不得好死」！分分秒秒椎心刺骨的疼痛，卻死不了，是多痛苦的折磨，活著的人絕對無法體會，但大多數人，都曾目睹親友死前的痛楚，多少總會「心有戚戚焉」。有個讓人感觸很深的廣告詞「我不怕死，我怕死不了！」大概就是因此而發。

　　有人用標點符號比喻生、老、病、死，「生」或許是逗號，「老、病、死」則是一連串驚嘆號或句號。人們面對「老病死」，雖然阿Q的以「無常就是正常」安慰自己，在親身面對時，多數人仍是手足無措。我們眼睜睜看著心愛的親友，慢慢變老、患病、死亡，哭天天不應、叫地地不靈；我們祈求神明、尋求名醫……最終仍是鎩羽而歸。

　　年老臥病是絕大多數人逃不了的宿命，由於醫療發達，愈來愈多人不願放棄「救命」的希望，堅持挑戰死神，從患病到死亡的時間愈來愈久。台大金山分院院長黃勝堅說：「國內醫師，在拚命救病人，卻發現病人沒希望時，在死前畫出一條線，『放手』讓病人善終，那怕只有三十分鐘，也能讓病患獲得尊重；醫師不放手，病人也難以善終。」他認為，醫師要先學會面對死亡，否則病人無法善終。

　　陽明大學附設醫院內科加護病房主任陳秀丹醫師，說：「放

下自己是智慧，放下別人是慈悲」、「醫師是推動善終很大的阻力」。弘一大師的名言：「一念放下，萬般從容」，值得醫生們好好想想。

　　無效醫療對病人而言只是徒增痛苦而無法善終，對第一線與病患接觸的醫護人員而言，看著病患病情每況愈下，身處死亡邊緣，往往感到受挫、乏力與無助，而有職業倦怠。病人家庭的財力負擔、人力照護等問題，我們已在其他文章討論，毋庸多言。

　　柯文哲在擔任台大醫院創傷醫學部主任時，應邀談論國內「無效醫療」現況。他說：「台大每年光是葉克膜（體外維生系統）的耗材費就要一億元，這還沒包括其他費用。」根據一項研究統計，死者生前一個月的醫療花費高達 28 萬元。柯文哲說：「急診常見患者全身腫脹、四肢發黑，心臟還在跳，這時候急救也不見得會活。醫護人員即使心知肚明，知道病患救了，也不見得會活、難善終，為避免醫療糾紛，大多選擇繼續無效醫療處置。結果是病人難以善終，也讓無效醫療逐步啃食健保大餅。」

　　臺灣健康照護支出佔國內生產毛額的總金額逐年攀升，多數的健康經濟學家認為，主因來自醫療科技進步及人口老化因素，而嚴重慢性疾病會產生一系列問題。未來日益龐大的醫療支出，將是新世代沉重的包袱，甚至引發嚴重的世代對立。近年來，日本、歐美等一些高齡化嚴重的文明國家，竟然陸續出現「棄老」的聲音，怎會不令人心驚肉跳？！

　　病人輸了、家屬輸了、醫護團隊輸了，甚至國家整體財政

也輸了。再不理性面對、嚴肅討論安樂死，我們究竟要輸到何時？！

烏鴉 V.S 喜鵲

　　7 年、2455 天、107820 小時、6469200 分鐘……，這是全
台中風病人平均臥床到往生的時間，吃、喝、拉、撒無法自主，
任人擺佈的生活有多苦，我不知道，但看看病人痛苦、悲哀、
憤怒的表情，也許能猜到幾分，那大概就是生不如死的感覺。

　　岳母中風折騰了近 7 年，歷經兩次插管、多次進出加護病
房……，在 2015 年 3 月 24 日往生，得年 87。也許 4 個女兒內
心不捨，但我認為她總算能離開病痛的糾纏，獲得解脫。

　　由於曾經照顧罹患腦癌的母親，經歷過親人與病痛、死神
的掙扎，岳母中風後，在醫療照護方面，我與小姨子們的看法
不同，成為眾人眼中的烏鴉。

　　2001 年 9 月，母親往生，此後，我開始涉獵生死學，十多
年來，收集、整理了不少相關資料，曾為馬來西亞東禪寺叢林
學院學生講授生死，也曾在博愛社區大學開課，並先後簽署安
寧緩和醫療、器官捐贈，我也在車子貼上「安樂死合法」的標
語，努力宣揚個人理念，希望為自己生命畫個漂亮的句號。

　　多數人都想做人見人愛的喜鵲，不願做人人討厭的烏鴉，
我經常四處演講，也小有名氣，當然會說漂亮的場面話，卻偏
偏為了個人理念，講出大家心知肚明卻不願說出口的實話，這
是何苦來哉？！

　　我們往往迷失在生命的長短多少，而忽略了生命的精彩與否，當親人無法自主行動，只能苟延殘喘時，我認為最重要的照護就是減少痛苦、減少遺憾。

　　岳母中風首度急救插管，不久後，面臨是否要氣切的問題，我主張順其自然，消極處理，放棄氣切，讓她老人家不再忍受莫須有的折磨，內人的大妹夫堅持反對，我無力阻擋，岳母氣切後再度插管。從此，小姨子們總認為我希望岳母早早歸天，是個大不孝的女婿。當每個親人都做喜鵲時，我成了唯一的烏鴉！

　　當喜鵲很簡單，只要一張嘴；做烏鴉不容易，得承受親友及社會的無盡壓力，多少人能做到孟子「自反而不縮，雖褐寬博，吾不惴焉？自反而縮，雖千萬人，吾往矣！」？

　　岳母照護的事，只要是我的意見，絕對被打回票，幾次意見不合之後，我絕口不過問，也不參與。近 7 年來，我蒙受小姨們「不孝」的汙衊，為了顧及內人的處境，不願讓她難做人，我選擇默默承擔，承受莫須有的汙名。我不是聖人，沒有包天包地的胸襟，怎會沒怨？

　　簡媜《誰在銀閃閃的地方等我》書中提到一句話「家有一老，必有一倒」，有人則加上「家有一老，必有一跑」，別的不說，身邊就有許多例證，每個人口口聲聲說孝順，可是擺在眼前的，大都是「久病床前無孝子」，能推就推；能跑快跑。最可惡的是，跑得遠遠的；推得乾乾淨淨的，幾乎都是嘴巴最孝順的「孝子、孝女」！

　　兩位家住中壢的小姨子，岳母中風前就經常把「退休」掛

在嘴上，嚷著要過自己的生活，岳母中風後，卻再也聽不到她們談退休的事。其實這也不該怪她們，俗話說得好「人不自私，天誅地滅」，我身邊也有不少這種人，每個人都有自己的生活，都希望自由自在不被牽絆，退休後就沒理由推拖，非得一起負擔照顧工作。

「人同此心，心同此理」，沒啥好計較的。但只出張嘴，自己不做，指揮別人做，還不時出餿主意，自己能自私，別人就活該做到趴，實在可惡！

我舉雙手贊成臺灣傳統輪流照顧長輩的習俗，姑且把每個人都認為是孝順的，當雙親有病痛，每個人當然都得負擔照護工作，尤其照護長期病人，是十分辛苦的事，如果大夥無法分擔照護工作，又不願將病人送到安養院，負擔照護重任的人，必然心力交瘁，即使不累垮也剩半條命。

有位醫生說「家裡有久病親人時，照顧病患的人最容易發生意外」。內人及她大妹住在嘉義，費心照護母親，身心的疲累非言語所能形容。她每天往返母親住處、醫院、自家⋯⋯處理一大堆偶發事件，精神當然不濟，其間，兩次發生車禍，幸好老天爺保佑，只是傷筋斷骨皮肉受苦，療養幾個月，傷癒後還是得東奔西跑。

由於小姨子們堅持不把母親送安養院，將她安置在內人大妹住處斜對面，雖然請了外籍看護幫忙照顧，但內人的大妹每天下班之餘都得抽空探看。大妹夫也不幸中風，基本上來說，她的家破碎了！

岳母與死神拔河，最終還是撒手而歸，換來的是兩千多個

晝夜椎心刺骨的折磨,還有累壞、累垮、崩塌的親人家庭……。

人生如戲,帷幕落下,主角退場,就該曲終人散,偏偏有些平常難得露臉的人,抓住千載難逢的機會,搶上舞台,演出一齣苦天喊地的「孝順大戲」!

為這些演技媲美奧斯卡的「孝子、孝女」們加油喝采!因為有你們的精湛表演,讓世界變得多可笑!

魯迅點名批判國人阿 Q 式作風,其實,我相信很多家庭都有類似情況,大家都想當好人,隱忍不說,結果也許表面維持和諧,事實卻是親人從此形同陌路。

即使我是烏鴉,我也要當個勇敢的烏鴉!

五福臨門

　　古代的大戶人家喜歡在窗櫺、桌椅、門板、房樑等裝飾精美的雕件，圖案的題材有神話故事、歷史典故、花鳥蟲魚、英雄人物、古典小說、山川河流等。其中許多常見的花卉及動物都隱含特殊的吉祥意義。

　　皇宮最常見的龍，不僅是代表中華民族的圖騰，也代表吉祥、富貴、權勢與尊崇，是帝王的最愛；鳳也是皇權象徵，常和龍並用，多使用於皇后、嬪妃的各式裝飾。龍、鳳圖案是皇室的專用圖騰，一般民眾如擅自使用，可能遭來殺身之禍。

　　除了龍、鳳的圖案，龜、鶴代表延年益壽、螃蟹代表和諧、蝦代表節節登高、蝙蝠則是代表福⋯⋯。雕飾圖案多樣化，蝙蝠因為諧音「遍福」，深受大家喜愛，許多雕件掛件，都喜歡雕上幾隻蝙蝠，「五蝠臨門」更是常見的吉祥雕飾。

　　每年春節，許多人喜歡在門上貼著「五福臨門」的春聯，幾乎所有人都知道這個成語，可是很少人知道「五福」到底是什麼？

　　五福源自於《尚書》，《尚書》原稱《書》，時間上起〈堯典〉（記堯禪讓時之事），下至〈秦誓〉（記秦穆公時事），縱貫夏、商、周三代。司馬遷的史記、班固的漢書都認為，《尚書》是孔子整理、刪定出的，為中國最早的歷史文獻集，也是中國散文之主。

　　五福首先出自《尚書・洪範》──「五福：一曰壽，二曰富，三曰康寧，四曰攸好德，五曰考終命」，考終命的意思是「不會遭遇天災橫禍，能得善終，安祥離世」，其實和安樂死的意思差不多。

　　人的出生有許多因緣，基本上，出生權主要操控在父母手中，我們無法決定如何生，但我們應有足夠的智慧、能力，決定如何圓滿揮手向世界道別。耗費全家積蓄、社會醫療成本，拖累親人，久病臥床、意識不清、身上插滿管子、吃喝拉撒全在床上……，與病魔、死神對抗，換來的是苟延殘喘，毫無尊嚴、沒有意義的「活的死人」，何苦來哉？！

　　通過立法讓安樂死合法，臨終病人不必忍受生不如死的痛楚；家人親友無需忍受心靈的煎熬，我們為何不能為自己生命做最後的決定？！

　　漸凍症患者 Sue Rodriquez 上訴法院要求安樂死，遭加拿大最高法院以 5：4 票數拒絕，當時 Rodriquez 說了耐人省思的經典的話：「如果我不能決定自己的死亡，是誰擁有我的生命權呢？這究竟是誰的身體？」

　　要想五福臨門，就必須妥善處理生命的終點，「我不要把生命最後的決定權交給別人，我要自己決定去留，把善終權找回來。」

能直飛何必轉機？！

　　「朝看花開滿樹紅，暮看花落樹還空；若將花比人間事，花與人間事一同」（唐・龍牙居遁禪師）。「常少不可得，無病不可得；長壽不可得，無死不可得」（增一阿含經）。「生老病死」是必然的，每個人從出生就開始一步步走向死亡。過去，臺灣缺乏「死亡學」的教育，人們避諱談論死亡，一些老人更會以死威脅子女，讓家人無法理性面對、處理死亡這椿人生最後一件大事。

近年來，由於荷蘭、比利時等國家通過安樂死合法、臺灣知名的老球評傅達仁選擇到瑞士進行安樂死、著名小說家瓊瑤贊成為其夫平鑫濤安樂死……不少媒體紛紛加入討論安樂死的行列。

雖然多家機構針對安樂死議題做民調，贊成安樂死的比例都在 8 成以上，但缺乏政黨奧援、鮮少明星人物力挺、現有支持團體組織鬆散……，加上執政黨刻意忽視，呼籲安樂死合法的聲音，慢慢被淹沒、遺忘！

絕大多數的人怕死，也希望擁有自己的生命善終權，但對死亡卻大都選擇不作為，當「安樂死合法」議題偶而熱鬧登場，眾人拿香隨拜、搖旗吶喊一番，不久就鳴金收兵、不了了之。

安樂死的討論不分國家、種族、信仰……不同的人以不同的角度探討安樂死，理性與情感、個體與社會、傳統觀念與現代精神、科學與人性、理論與實踐等交織、衝突，雖然爭議不斷，然而有一項共識是大部份學者都能接受的──不論是延長瀕死期或縮短生命的醫療措施，原則上都不應該違背受苦者的意願。安樂死的決定權應該由當事人自己決定。

一、安寧緩和醫療：指為減輕或免除末期病人之生理、心理及靈性痛苦，施予緩解性、支持性之醫療照護，以增進其生活品質。

二、末期病人：指罹患嚴重傷病，經醫師診斷認為不可治癒，且有醫學上之證據，近期內病程進行至死亡已不可避免者。

從《安寧緩和醫療條例》第 3 條可知，安寧緩和醫療係針對病程進行至死亡已不可避免者，減輕或免除末期病人之生

理、心理及靈性痛苦，施予緩解性、支持性之醫療照護，以增進其生活品質。簡而言之，只是在拖延瀕死患者的死亡時間。

2019 年 1 月 6 日正式上路的《病人自主權利法》，凡有行為能力的民眾，依照法定程序完成註記健保卡之後，一旦民眾因病或意外，符合 5 種特定臨床條件（末期病人、不可逆昏迷、永久植物人、極重度失智、經公告重症）之一時，經 2 位相關專科醫師確認診斷，及緩和醫療團隊 2 次照會，確認病人的「預立醫療決定」及其內容後，即可依照病人本人意願，拒絕心肺復甦術、葉克膜維生系統、輸血、抗生素等有效治療，以及侵入性之鼻胃管、胃造口灌食與點滴注射。

名為《病人自主權利法》，簽署人必須二位具相關專科醫師資格之醫師確診，並經緩和醫療團隊至少二次照會確認，依法病人無法自主決定，善終權依然不是當事人能自我作主。

有些人認為國內已有《安寧緩和醫療條例》、《病人自主權利法》，無需安樂死，事實上，《安寧緩和醫療條例》、《病人自主權利法》還是有其侷限性。安樂死合法是直飛人生終站，何必再折騰病人一再轉機呢？！

活得精采・死得痛快！

　　有個腦筋靈巧的人，把大陸的燒餅改良成方塊酥，賺了大筆鈔票；有人靠賣蛋捲發家；有人靠漂亮的臉蛋走紅；有人靠迷人的身材爆紅；有人靠胡言亂語成網紅；有人靠家庭工廠發跡……每個人的一生有各自的生活；有自己的精彩。只要不傷害他人、不危害社會，只要我喜歡，盡可自嗨自爽，每個人都能以自己的精彩過日子！

　　「鐘鼎山林各有天性」、「山珍海味、青菜豆腐各有所愛」有人喜歡窩居在家當宅神，我喜歡雲遊四海，四十多年來以自助旅行方式到過挪威、冰島、印度、埃及、尼泊爾、紐西蘭、緬甸、寮國、大陸、日本、斯里蘭卡、馬爾地夫等四十餘國。

　　三不五時出國，當然花了不少銀子，有親友笑我「薪水都玩光了」，但我卻認為「行萬里路勝讀萬卷書」！穿越塔克拉瑪干沙漠、風雨渡長江、北極圈小島鐵馬踩踏、紐西蘭攀登冰河、冰島胡沙未克賞鯨、北海道知床半島探密、巴里島夜訪老祭師、坎城海灘欣賞天體辣妹、熱海梅祭「免費吃到飽」、內蒙草原篝火高歌、走訪女兒國、尋訪香格里拉、路克索神殿看歷史秀、基沙金字塔騎駱駝、深入斯里蘭卡戰區……，我看山、看水、看人間！

　　1988 年，因緣際會進入《民生報》擔任特約記者，11 年之後，轉至《人間福報》做義工記者，至今三十餘年的記者生涯，除撰寫新聞外，並在《聯合報》、《中國時報》、《自由時報》、《中央日報》、《臺灣日報》、《家庭月刊》、《師友月刊》、

《吾愛吾家》、《大同月刊》、*TO'GO* 等報章雜誌發表文章。
曾出版《江南佛寺》（1996.9 維屏出版社出版）、《縱情山水》
（1998.8 嘉義市文化中心出版）、《GUIDE 北海道》（1999.6
TO'GO 旅遊情報出版 ※2001.8 改版）、《北歐仲夏夜之路》
（TO'GO 旅遊情報出版 2002）、《嘉義風情畫》（2002.9 維
屏出版社出版）、《阿里山森呼吸之旅》（TO'GO 旅遊情報出
版 2003.4）、《從地圖消失──社團新村的故事》（100.10.10）、
《浪淘沙──眷村、老照片、老故事》（2013.1.4）、《浪淘沙─
不忍青史盡成灰》（2015.9.3）、《眷戀老食光》（2015.10.文
化部化資產局出版）、《出發吧‧小旅行：背包上肩‧Go！Go！
亞洲》等書（2019.5.1 如是文化）

　　2002 年 8 月 1 日，我以不到 50 歲之齡，毅然從教職退休，許多比我年紀大的同事對我說：「好羨慕你的退休生活！」，其實，他們都符合退休條件，個人生涯規劃不同，「人比人，氣死人」只要自己快樂、自在，何必羨慕他人？！

　　因為因緣俱足，我們成為家人、親戚、朋友、同學……在人生的旅程，一路上相陪，在人間共同畫出一個個圓。花開花謝、幕啟幕落，曲終人散，最終，我們都將踽踽獨行，自己一個人「回家」。

　　「回家」的路有些平坦順暢；有的崎嶇難行，有人「壽終正寢」；有人意外喪生；有人厭世自殺；有人戰死沙場；有人在地震、颱風、洪水、海嘯……歸天。

　　人生一場終歸一死，只要活得精采、死得痛快，夫復何求？！

Chapter 4

我自橫刀向天笑

庶民心聲

南投縣宥仁

好幾年前，我爺爺中風，躺在床上完全不能動，甚至根本不知道還有沒有意識，我們看他很痛苦 但是都幫不了他，只能看著他痛苦，過了很久之後 爺爺還是死了，痛苦的上路了。

我希望能讓像他一樣的人能不要受到這麼多痛苦。

新北市 Julia Hung

會選擇安樂死，是對這世界有愛，讓它做更好的延續，別讓無謂的醫療，剝奪為人的尊嚴。

高雄市 Suki Huang

每個人都應該可以決定自己生命的長短，與其苟延殘喘的痛苦活下去，為什麼不能提早為自己與家人留個出口，讓彼此都不再痛苦。

新北市 Jill Chu

適當的安樂死有助於減少病人想 DNR 但家屬卻拒絕的困

境，出生時無法自己選擇，起碼死亡時得由自己掌握。我是護理師，我支持在合法合情理的狀況下，自己選擇死亡的方式和過程。

新北市 zhizni

有人可以在病痛下熬過數十載，不代表適用在每一個人身上，當生命再延長，只是延長苦痛，這樣的生命還有什麼意義？更何況醫療資源有限，將這些人力與物力放在一個無解的生命議題上，，不如將之用於更多需要的人與地方上。

自己決定自己的生命長度！

高雄市方 XX

沒經歷過家人重症，無法想像那是什麼痛，我爺爺癌末的時候說過好幾次「我好想死」，與其強迫治療拖時間，不如安樂死。

臺北市許 XX

日本「下流老人」的現象，顯示有很多老人「活不起」，臺灣也越來越多，活得沒有尊嚴是生不如死！

隨著人口老化，長照的負擔會比現在預計的嚴重很多，不想成為社會負擔，為什麼不能幫他們如願？

屏東縣菁菁

支持安樂死，並不是冷血。支持安樂死，是希望人走到失智無法自理，甚至全身插滿管子的苟延殘喘，這樣的龐大醫療費用，以及照顧人力，會拖累到自己身後的家人。

自己知道根本在浪費醫療的情況之下，有人真的很想趕快走。

植物人、失智老人等只能讓痛苦吞噬自己，直到死亡。那為何不能讓我們多一個選擇，讓我們可以有尊嚴的走，更不會拖累身邊的家人。安樂死並不是不能執行，只是需要良好的規劃。

新北市 LydiaKuo

當生命已到盡頭，就以舒服愉快的姿態道別，欣然邁入下一個旅程，拒絕無效醫療帶給病人和家屬的折磨，讓資源能提供給更需要的人。

宜蘭縣郭 XX

無法決定出生，總可以決定死亡吧！雖然生命很精彩，但是該放手的時候，如果能夠沒有恐懼跟祥和平靜的離開，那該有多好！

桃園市 YaTing Chen

在拒絕無效醫療的層面，基於病患在清醒的狀態與醫生兩者都同意的前提下，我是贊同安樂死的，因為安樂死不是種醫療行為，而是個體的選擇。不論是需要解脫、希望停止無盡的無效醫療、希望有尊嚴地死去或是不想造成龐大的醫療負擔，我想我們都必須尊重病患的選擇。畢竟我們都非病患本身，不能理解在反覆醫療卻無好轉、飽受痛苦折磨的情形下，是否有這種需求的人存在著。

這種問題本身就沒有標準答案，在種種疑問之下，還是希望未來若能開放，立法能夠更嚴謹些，將疑慮部分減至最小，若有監督者在旁監控流程是再好不過了。

臺中市曹 X

人沒有權利決定自己是否要來到這個世界，也沒有權利選擇環境，當活著只剩痛苦時，為何不能憑著自己的意志選擇是否離開？人已經沒有選擇是否出生的權利，難道連選擇死亡的權利也要被剝奪嗎？

新北市 Matthew Li

若有一天我生病了，並且成為一個負擔，而且只能等待奇蹟，我希望可以安靜的離開這個世界，而不是拖著週遭的人持續苦難下去。

換個角度想，對於有些人，這個世界是不美好的，是充斥悲傷與痛苦的，那麼他們不見得會想要繼續往下走。

不要拿無趣的宗教信仰來講，對於感受不到的人來說，那都是虛假的，因為奇蹟沒有降臨，也沒人可以說出要多少年月才能等待到奇蹟。

桃園市李 XX

我自己本身有憂鬱症 我知道那種絕望的感覺 但我沒有勇氣自殺，安樂死對於很多人來說是種救贖，只要措施得宜就不會被濫用。

新北市陳小貝

身為一位護理人員，每每看見臨終病人家屬要求積極治療時，看見身體每況愈下卻還被各種醫療器材介入維生，身體飽受痛苦外還沒有家屬的陪伴，總是揪心。

希望除了可以通過安樂死法讓病人在末期的路上可以用最舒適最有尊嚴的姿態結束生命外，尚需清楚讓民眾看見本法的重要性，增加國人對安寧的認知。

高雄市惡魔_Aini

活的有尊嚴與死的有尊嚴都是基本人權，生老病死，病久了又治不好，最後反被遺棄到療養院或丟在家的角落，其實對家屬是一種負擔，對病人更是一種折磨與痛苦，人活著過程比

較重要，苟延殘喘的活著根本沒有任何意義。

桃園市혜문

　　家中有一個重病的爺爺。因為糖尿病的關係，在我 1 歲多的時候他就失明了，至今，我 21 歲。這 20 年他過著伸手不見五指的生活，加上洗腎、高血壓、心血管疾病等，無盡的折磨讓他產生厭世的念頭，好幾次都會哀嘆人生不如意，「不如歸去」。

　　世界上有多少人受著久病苦痛的折磨，甚至有些人已躺在床上數十年，只因為家屬的捨不得，只因為現今醫學進步，即使不可讓人起死回生，也能用那些「精準」的機器再讓這些重病患者苟延殘喘。安樂死還有很多值得我們探討的議題，例如：這算不算一種殺人罪？或是，這樣的立案是否會讓有心人士利用？但撇開這些而言，安樂死實施於人類身上，我認為是一項可以讓家屬、病人都得到輕鬆的管道。

高雄市鮭魚派

　　希望每個人都有權利，去選擇要用什麼樣的方式結束自己的生命，並且不用受到社會大眾的輿論與異樣眼光對待。

　　有些病患飽受病痛的折磨，卻沒有其他選擇能夠解脫苦痛，只能繼續靠著藥物和醫療儀器，躺在病床上苟延殘喘。這對深愛他們的人來說，這和凌遲處刑有什麼不同？

　　支持合法安樂死，支持那些願意為自己的生命負責、做主

的人們，維護他們生命應有的尊嚴與權利。

新北市張 XX

對於那些無法體會的痛苦，我們都無權要求任何人去承受或忍耐。在醫療發達的現在，仍有著無法被治癒的傷病，不管是生理上、心理上的，苟延殘喘都可能成為生不如死的幫兇。

生，本是不公平的，如果「有尊嚴的死亡」成為富人才有的選擇，如果「醫療救助」成為立意良善但延續痛苦的酷刑，那不就意味著連死也是奢侈的嗎？

隨著科技進步，我們提高了死亡的門檻，卻忘了有時候死亡才是最原本的解藥。

臺南市中發

「我認為決定自己死亡的方式，是每個人都應該擁有的基本權利。對我來說，安樂死的意義不只在於平靜去世的那一瞬間，更在於面對死亡的過程。一個人要離開這個世界，不可能是完全愉快的，但我希望自己可以用更有條理、更負責任的方式去走這條路，避免慌亂、遺憾等不必要的情緒。」彼得說。

桃園有鴻

我母親癌末，不繼續治療，選擇安寧病房。因為她說知道繼續治療下去的痛苦，雖然親戚好友一直勸我母親不要放棄，但我知道，這不是放棄，這是解脫，因為痛苦的不是親戚朋友

而是我母親，親戚朋友表現出一付關心且再三勸說，讓我感到非常的厭惡。那種不會站在病人立場想的人們，根本就不尊重病人，所以我也不想尊重他們。反對安樂死？你真的了解當事人的痛苦與無奈嗎？

我母親撐了 11 年，總是告訴自己要堅持下去，可是病情卻一直惡化，你要病人繼續化療標靶，然後頭髮掉光，嘔吐，指甲發黑，無法下床，只能插管，導尿管，成天躺在病床上，日復一日，誰不會想放棄？誰不會發瘋？

臺北市 fulo

人有自己結束生命的權力，若疾病已經導致人類生存了無尊嚴與意義，那麼極度差勁的社會條件如貧窮亦可如此。如果社會沒有辦法減輕個人生存的痛苦，那麼何不提供合法解決生命的辦法。

臺東縣 Mac Chiang

「安樂死」是成熟社會指標，它兼顧邏輯和理性，也尊重情緒和受苦，是個人主義和存在主義的極致，合法安樂死顯示當生命遭逢難以承受之重時，人類高貴的自由心靈渴望藉由同理心和同情心的同類而獲得死亡的權利。和一般人想像不一樣的地方是：合法死亡權並非純粹讓人想死；相反的，安樂死的存在讓病人面對身體帶來的苦難時，可以安心，也更有勇氣活下去。

高雄市貞觀蓮華

不要讓人生中自己的最後一哩路，帶給親人困擾，也讓自己有尊嚴地去下一站。

新北市萬鈞

對生命末期的病患來說，什麼醫學、哲學、經濟、法律、宗教、倫理、社會都是多餘的，只有無痛苦離開才是真的！

宜蘭縣綠

我們都把死亡看的太重了，無論是哪一種死亡似乎都是亟需避免的事。然而在自然界死亡只是極其平凡的事，是自然循環的一部份，「有死才有生」。對於沒有求生意志的人來說，如果能夠自由選擇生存或死亡或許是人生中最大的救贖。

人活著，要轟轟烈烈。

死的要安靜祥和！

附錄一　摘錄 2016 年 12 月 6 日衛生福利部七人會議賴台生逐字稿

　　很多人都不喜歡家破人亡這四個字，傳統認為這四個字是非常不好的事，我三度到斯里蘭卡，由於內戰關係，幾乎每戶人家都家破人亡。戴教授曾在演講的時候說過一個故事，就是一個婦人的兒子死掉了，她很傷心，要求佛陀救他。然而佛陀說，你就去找一個人家裡面沒有死過人的，你把他們的火求回來，我就可以讓你兒子復活。大家都知道其實並沒有，因為每個家都會家破人亡。

　　安樂死在宗教界裡面反對聲浪極大，原因當然有個人的理由。其實我提這個案子，根本沒有預期會通過，因為公共政策網路參與平台上的案子，大概百分之九十都沒有通過，我一直認為這個平台的操作是有問題的。很多朋友說他想連署，但是像我們這種年齡的人，使用電腦網路是非常痛苦的一件事，很多人想連署但沒辦法連署。而我今天出來，背後大概一定有超過五千個以上的人和我有相同的想法，我也只是幫他們把一些想法傳達出來而已。賈伯斯說，死亡是生命中最棒的發明，我今天所提出來的想法其實都是別人的想法，也希望專家學者們

可以幫我們撐一點力。

　　簡報資料上面這麼多名人，都是歷史上最有權勢的人，但他們全部都死掉了！我的意思是說，不管多有錢有勢，到最後還是要往死亡這條路走。每個人要把這條路走得多好，最後要把這個句點畫得多圓滿，才是我們最應該思考的事。而不是說我們活很久，把生命拉得很長，但有可能你這個長是在破壞人家，你可能犧牲到別人，其實不見得是有很大的意義。

　　以前臺灣人很喜歡祝福別人「呷百二」，但是現在其實很多人並不想要真的活到那麼久。我曾跟朋友聊天說「今天讓你活到 120 歲，你的身體都是健康的，你的生活都是沒有問題的，但你的朋友都沒有了，這樣你要不要？」雖然我認識的人不代表全部，但是我知道的人大概有 95% 都說不要。我認識一位老校長，現在住在高雄安養院，他已經九十幾歲，卻一心不想活下去，因為他的朋友都過世了，他連講話都沒有對象，他每次見到我就哭，嚇得我也不敢去看他了。所以人生活這麼長，究竟有甚麼樂趣？

　　以前的人說「家有一老如有一寶」，簡媜的書則說「家有一老，必有一倒」。而我身邊的朋友說「家有一老，必有一堆人跑」，因為照顧久病者十分辛苦，沒有人要照顧。在臺灣約有 22 萬人請了外勞來照顧，另外剩下的二十幾萬人則是沒有錢請外勞，但是這並不表示可以把老人家丟著不照顧，所以最後一定是家人在家裡面照顧。然後你就會發現，你最愛的人，可能會變成你最礙的人，甚至是最害你人。我岳母生病以後，我的生活就受到限制，出去玩就像是犯了天條一樣。我跟我太太

說，我們不能一人病就全家都生病，這時候沒有照顧家人就好像不孝順一樣。

我有一個朋友之前住在學校的宿舍，環境比較不好。他兒子後來在台中買了一個房子，把他接去住。但那個朋友之後哭著回來跟我們聊，說他兒子覺得他穿得很邋遢，他覺得自己像金絲雀。所以我們說孝後面有個順，要知道老人家在想甚麼。我們最不想要聽到的一句話「不得好死」。現在醫療進步到好像沒人是不得好死的，錢越多的人越不想死。我有個朋友吃了實驗用藥品，一顆 80 萬，吃了四顆，但吃到第二顆就死了。我們都勸他說你還不如拿這些錢去做慈善，他最終的遺願是吃一碗稀飯加豆腐乳，但最終卻沒有完成。

所謂家人想要，病人需要。我岳母中風時家庭就開始聚會，中風前都不常這樣。帶我岳母出門吃飯是一件很辛苦的事，你還要抬上車子、抬下車子。我岳母生病以後，我變成我們家最大的一隻烏鴉，我講的所有話都會被認為是壞蛋，好像我是巴不得把我岳母搞死。我常常跟我太太說，如果岳母很有錢，我把她搞死才有好處，但是其實並沒有，所以我把她搞死有好處嗎？到現在為止，我還是一隻烏鴉，我覺得可能有些時候，這個社會還是需要一些烏鴉，把一些實話講出來，因為會有很多人不知道這個問題。

前幾年我在我車上噴了幾個大字「安樂死合法」。我的車剛噴上這幾個字的時候，幾乎沒有朋友敢坐我的車，他們覺得很奇怪，但我覺得我只是把我的想法寫出來。他們說別人會拿石頭砸你，但其實到目前為止還沒有人砸我車子。有時候我們

倒真要試著走出這一步。我們都喜歡當喜鵲，我們常常去醫院看朋友，明明知道沒希望了，但我們還是會說你要加油，病會好起來，有幾個人會跟病人說你沒希望了？我一直覺得要有人說「你沒有希望了，要好好想想，還有哪些事情沒有做。」我有一個朋友已經判定沒有希望了，我就跟他說「你這麼喜歡看鋼管舞，但礙於家庭壓力一直沒有機會看，你這時候看，沒有人會怪你，因為你也快死掉了。」結果他還是抱憾以終。

　　減輕病人肉體苦痛，這是美國老人醫學會的臨終關懷，給予病人盡可能好的生活品質。我有時候一直在想這個問題，我們只要年紀夠大，騎機車或腳踏車出去，人家就會說我們是不老騎士，其實你就是老了，他才會這樣稱呼你，其實那是一個安慰劑，只是可能我們老人都很希望安慰劑，別人叫你大哥總比稱呼阿伯來的好吧，可是實際上，人家叫你大哥的時候，就知道你其實已經是阿伯了。

　　將所需要的醫療花費告訴病人是很重要的，時常有一個狀況就是一個人生病，全家都完蛋。日本有一個作家曾說，其實人是在有錢之後才怕死，你沒有錢的時候，例如在西藏、印度，好像會認為死亡是一件比較好的事情，因為在人世間活得不是很快樂，想說反正死亡可以讓我重新再來。我扯一下題外話，川普當選，有人說為什麼川普會當選？因為美國現在窮人比富人多。心經曾說，「諸法空相，不生不滅。」我們心裡面有太多罣礙，死是一定會到來的，所以我們要調整心態，其實活的過程是比較重要的。我不喜歡參加喪禮，因為你會發現很多人都會在靈堂外面聊天，然後進去靈堂假裝哀戚一下，總不能叫

別人因為你的死而難過。

　　我剛剛跟陳醫師談到自殺，宗教界都反對自殺，明朝性空禪師把他自己放在一個水盆裡，隨水漂流而逝叫做水化，但我認為他這個是自殺。我剛剛跟陳醫師談到，我以前都會跟我朋友說如果我哪天不小心需要坐上輪椅，就載我到蘇花公路，把我放下來讓我衝下去，他說「他不能這樣做」。我說「這是我自己的想法，我在想要怎麼樣為我的生命畫下完美的句點，不要拖累別人」。

　　第一：我想剛剛各位都報告了很多東西，我大概都聽到了，就是說剛剛陳醫師也提到了《病人自主權利法》的第 14 條，可是大家看第五條上面寫，「前項各款應由兩位以上具相關專科醫師資格的醫師確認」，其實我不相信感同身受這四個字。我講一個例子，911 大地震的時候，我跑出去了，很多人打電話來關懷我，我那敢跑進去接電話，他們打電話來罵我怎麼不接電話，我說天底下沒有感同身受。每個人對苦痛的認定其實是不一樣的，如果要別人來界定的話，病人自主這四個字其實就不相符，還是別人幫你決定

　　第二個就是說剛剛戴教授有提到說責任感的問題，其實我們人有很多時候責任也不是我們能夠決定的，當你到了某階段，你幾乎已經沒有對社會的實際貢獻，你的責任已經了了，很多生物界、很多昆蟲當牠完成傳宗接代的時候，牠的責任就了了，那我們如果說當我們對社會的責任已經無法盡到的時候，而且我們已經開始在消耗社會資源的時候，從廣義的角度來講，其實我不覺得那還是責任，救你可能是在拖累整個社會。

至少我自己在我認為生命責任已經結束的時候,我會選擇結束。而且簡單講,我們要找立委,立委知道那邊有票才往那邊跑,這個一提出來就不用玩了。只有像我這種人跑出來玩,鬧一鬧可以。所以我比較希望是經過這會議,讓大家好好討論,討論的時候,絕對是專家學者。我也知道臺灣有很多東西都做得不錯,例如安寧照護是亞洲第一。可是宗教界很明顯告訴我們說自殺就是不對,但其實只要約定俗成,很多事就可以解決了。謝謝。

附錄二　認真面對‧勇敢接受
　　　　理性處理‧圓滿放下

　　1983 年（另有 1982、1986 年之說）王曉民母親向立法院請願，要求速訂安樂死法律，當時在立法院引發激烈辯論，由於多數立委反對，安樂死法案的制定無疾而終。二十餘年時光倏忽飛逝，荷蘭率先通過安樂死合法後，比利時、盧森堡等國相繼跟進，臺灣卻依然「只聽樓梯響，不見人下來！」，我們還要等多久，才能拿回屬於自己的生命善終權？！

　　內政部統計，2017 年國人平均餘命 80.4 歲，健康平均餘命為 70.8 歲，有長達 8.7 年的時間受病痛之苦。康健雜誌 200 期（2015.07.01）的報導更令人怵目驚心——插著鼻胃管餵食三餐，靠氣切管呼吸，以尿管、尿布處理民生大事，甚至躺在床上無法溝通言語；狀況好一些的，可下床但要人攙扶，出門得坐輪椅，一直到離世那一日，這是臺灣 48 萬名長輩的生活寫照，分分秒秒徹骨的痛，生不如死、身心備受折磨、缺乏尊嚴的生活，在臺灣平均長達 7 年，不只病人受病痛折磨，也是家人、照顧者沉重的負擔。

　　根據《天下雜誌》2015.12 的報導，臺灣擁有世界第一的加護病床密度、長期靠呼吸器維生人數，實施「無效醫療」、加

護病房的臨終前無效醫療，一年耗費 35.8 億元。對家屬而言是長期折磨，對醫護人員而言是徒增無力感，健康照護支出對病患家庭、國家的財政負擔更是不堪負荷。

醫生不是上帝、不是佛陀、不是阿拉……，醫學總有極限，再優秀的醫生，遇到無藥可治的病痛，都會有力不從心的感嘆！四處求醫無效，久病厭世，甚至是照顧者因無法承受壓力走上絕路的新聞時有所聞。

「為何輕言放棄生命？」罕病天使楊玉欣以「沒生病的人永遠無法瞭解」回答。在與死神對抗的過程，那個人會輕易放手？那個病患家屬希望結束親人的生命？但誰來關心病患及家屬的苦痛；誰能減輕病人及家屬的恐懼、焦慮？誰能關心他們何去何從？傅達仁先生遠赴瑞士尋求安樂死，何嘗不是在求救無門、走投無路的情況下，被逼上梁山！

也有學者認為安樂死合法會造成安樂死的濫用。「人上一百，形形色色」當然可能有鑽法律漏洞的人，基於個人利害而濫用安樂死，但因噎廢食的看法，就如人權律師 Joseph Arvay 表示，法律禁止安樂死，只會讓更多人選擇「地下化」的死亡方式，反而無法好好控管！

生命的意義不在壽命的長短，而在生活精采與否，當一個人成為「死的活人」，生命已毫無意義可言。我們怎忍心讓他們繼續承受病痛的折磨？我們怎忍心讓他們毫無尊嚴的「活下去」？最近有不少機構針對安樂死議題做民調，贊成安樂死的比例都在八成以上，人民的聲音，政府聽見了嗎？！

生老病死是自然的規律，生死大事既然免不了，就讓我們

一起認真面對‧勇敢接受‧理性處理‧圓滿放下！

　　人沒辦法控制怎麼來到這世界，至少應該能決定如何死得漂亮，「我不要把生命最後的決定權交給別人，我要自己決定去留，把善終權找回來。」

　　天下萬物都有「賞味期限」，當病魔纏身，痛不欲生，生命毫無意義時，不要逆天而行，安樂死不是殺人，是解脫苦痛！

　　傅達仁二度上書蔡英文自願當臺灣第一個安樂死的人，總統府、行政院、衛福部的回應，就是打哈哈、敷衍了事！

　　如今，傅達仁冒著冷冽寒冬，在家人陪同下遠赴瑞士，追求善終。我們的政府不解決傅達仁及千萬人的苦痛；不聽聽人民的聲音，不看看生不如死的病人苦況，只有拖拖拖！

　　即使傅達仁在瑞士安樂死，我猜也只是掀起一陣討論安樂死旋風，政府還是會使出拖字訣。反正，熱潮過後，一切照舊！

　　敬佩傅達仁的大智慧、大勇氣！可是有幾個人有大筆鈔票前往瑞士？（2017.11.12《蘋果日報》）

國家圖書館出版品預行編目(CIP) 資料

我們都要好好說再見：關於安樂死的生死議
題/賴台生著. -- 初版. -- 新竹縣竹北市：方集
出版社股份有限公司, 2021.10
　　面；　公分

　ISBN 978-986-471-313-4 (平裝)

1.安樂死

197.12　　　　　　　　　　110014133

我們都要好好說再見：關於安樂死的生死議題

賴台生　著

發 行 人：賴洋助
出 版 者：方集出版社股份有限公司
聯絡地址：100 臺北市中正區重慶南路二段 51 號 5 樓
公司地址：新竹縣竹北市台元一街 8 號 5 樓之 7
電　　話：(02) 2351-1607　　傳　　真：(02) 2351-1549
網　　址：www.eculture.com.tw
E - m a i l：service@eculture.com.tw
出版年月：2021 年 10 月 初版
定　　價：新臺幣 320 元

ISBN：978-986-471-313-4 (平裝)

總經銷：聯合發行股份有限公司
地　　址：231 新北市新店區寶橋路 235 巷 6 弄 6 號 4F
電 話：(02)2917-8022　　　　　傳 真：(02)2915-6275